leykam: *seit 1585*

Sandra Jungmann

Laut und selbstbestimmt

Wie wir wurden, wer wir sind

leykam: *Sachbuch*

Sandra Jungmann

KENNEN SIE DAS auch? Die meisten Ideen, die das Leben verändern können, entstehen dann, wenn man am allerwenigsten damit rechnet. Bei diesem Buch war es nicht anders. Gehen wir zurück ins Jahr 2020, damals habe ich im Weihnachtsurlaub in meinem Kinderzimmer in der Wohnung meiner Eltern nach Fotos und Erinnerungsbüchern gekramt und bin zufällig auf eine Zeitschrift aus dem Jahr 2000 gestoßen. Genauer: Eine Ausgabe eines Mädchen-Magazins mit dem profanen Titel *Sugar*. Auf dem Titelblatt prangte ein mir unbekanntes Model: blonde Haare, blaue Augen, keine 20 Jahre alt. Die Schlagzeilen folgten dem Muster: „Beauty-Tipps für einen heißen Sommer", „Ist ER der Richtige für dich?", „So kannst du ihn verzaubern", „So wird dein Model-Traum wahr" oder „Die besten Flirt-Tipps, um ihn zu erobern".

Ein Frauenbild, direkt aus der Hölle, gerichtet an junge Teenager-Mädchen wie mich damals. Die Message: Sei schön – für ihn. Sei schlank – für ihn. Sei stylish – für ihn. Pass dich an. Zick nicht rum. Dann gehört er irgendwann dir, der „Traumboy". Feminismus und Diversität? Hallo?

Ich selbst, heute 34, bin genauso von diesem Bild geprägt worden wie Millionen anderer Frauen: Frauen müssen gefallen, leise und hübsch sein – aber den Rest, die wichtige Arbeit und das Reden erledigen dann bitte die Männer. Ich weiß nicht, wann ich mich von diesem Gedanken befreit habe, allen Menschen in meinem Umfeld gefallen zu müssen; nicht zwingend im optischen Sinn, sondern vor allem, wenn es darum geht, die eigene Meinung zu äußern. Oder überhaupt eine zu haben. Es passiert mir manchmal immer noch, dass ich bei meiner Arbeit als Journalistin in Konferenzen lieber zustimmend nicke, als eine Gegenposition zu beziehen – und ärgere mich dann über mich und dieses internalisierte Verhaltensmuster und mein fehlendes Selbstbewusstsein. Und ich weiß, dass es Frauen in meinem Freundeskreis und Umfeld ähnlich geht.

Ich denke darüber nach, welche Vorbilder ich als junges Mädchen und in meinen Teenager-Jahren in den 1990ern und frühen 2000ern hatte. Gut, ich fand Kurt Cobain toll und hörte Punk-Bands. Aber da waren halt selten Frauen dabei. Sonst tauchten in der Popkultur dieser Zeit plötzlich Frauen wie Britney Spears und Christina Aguilera auf. Später kamen zumindest in der Musik Frauen wie die Band Destiny's Child dazu, die in ihren Texten feministischer und selbstbewusster waren, oder die Spice Girls, die im Laufe ihrer Karriere zumindest irgendwann das Wort „Girlpower" entdeckten und das deutsche Trio Tic Tac Toe, das immerhin den „Ich find dich scheiße"-Sound propagierte; von deren Karriere aber den meisten nur mehr die große Zickenkrieg-Pressekonferenz in Erinnerung geblieben ist.

Und sonst? Wo waren die Sophia Süßmilchs, die Melisa Erkurts, die Jaqueline Scheibers, die Katharina Rogenhofers und Katja Lewinas zu meiner Zeit? Wer waren diese Persönlichkeiten, an denen man sich anhalten konnte? Die Missstände aufzeigten, Gleichberechtigung einforderten, das Patriarchat stürzen wollten? Wo waren die Lehrer:innen in der Schule, die mit uns über Diversität, Feminismus, Homosexualität und Rassismus gesprochen hätten? Oder überhaupt die Erwachsenen? Es gab sie damals nicht oder zumindest nicht mit dieser breiten Öffentlichkeit, dieser

Stärke und in dieser Vielzahl. Oder habe ich sie nur nicht gesehen? Und ich frage mich heute immer wieder mal: Von wem wird sich meine Tochter, die heute fünf Jahre alt ist, später inspirieren lassen? Welche Vorbilder wird sie haben? Und: Bin ich ihr ein gutes Vorbild?

Ich bin jedenfalls ein wenig beruhigt, wenn ich mir die aktuellen gesellschaftspolitischen Diskurse ansehe. Denn die Zahl junger Menschen, die unsere Gegenwart und Zukunft prägen, laut und selbstbewusst, nimmt zu. Schwarze Frauen, *weiße* Frauen, Feminist:innen, Transgenderpersonen, Aktivist:innen, nonbinäre Menschen, queere Menschen – sie alle sind längst hier, sie sind viele, und sie lassen sich nicht mehr den Mund verbieten. Sie alle sind nicht mehr bereit, sich veralteten Strukturen, die seit Jahrhunderten etabliert sind – geschaffen von Männern – zu unterwerfen. Sie sind es leid, aufgrund ihrer Hautfarbe, ihres Geschlechts oder ihrer sexuellen Orientierung benachteiligt zu werden.

Auf den kommenden Seiten finden Sie 15 Porträts von Frauen, die genau das tun. Die aufstehen und laut sind, die Veränderung fordern, Tabuthemen ansprechen. Ich wollte von ihnen wissen, woher sie den Antrieb nehmen, die Welt zu einem besseren Ort zu machen. Aus welcher Prämisse heraus sie das tun. Ich habe nachgefragt, wie sie zu den Personen geworden sind, die sie heute sind; welche ihre Schlüsselmomente waren, welche Hürden sie genommen haben und mit welchen Vorurteilen sie immer noch konfrontiert werden.

Menschen wie sie sind wichtig für mich, aber auch für Sie, liebe:r Leser:in, für uns alle. Sie sind wichtig, weil sie Wege ebnen, Missstände aufzeigen, Tabus brechen, Sichtbarkeit schaffen und sensibilisieren. Sie rütteln auf. Sie zwingen einen, die eigene Realität genauer unter die Lupe zu nehmen, den eigenen Horizont zu erweitern. Sich selbst zu hinterfragen, tradierte Gesellschaftsbilder zu überdenken. Und ja, auch mir haben die Gespräche zu diesem Buch zum Teil schmerzlich vorgeführt, wie wenig Sensibilität ich manchmal selbst für die Lebensrealitäten anderer an den Tag lege. Für Menschen, die nicht so wie ich Teil der Mehrheitsgesellschaft sind.

Diese Lebensgeschichten haben mich aber nicht nur gezwungen, genauer hinzusehen, sondern auch ermutigt, nach den eigenen Freiheiten und Möglichkeiten zu suchen und zu streben, um die Welt ein Stückchen besser zu machen. Haben mich inspiriert, meinen Horizont erweitert, meinen Blick geschärft und geöffnet. Ich habe gesehen, dass gesellschaftliches Engagement und Selbstbewusstsein nicht immer nur heißt, taff zu sein, sondern auch Unsicherheit, Schwäche und Zerbrechlichkeit erlaubt. Und ich habe gemerkt, dass man mit vielem nicht alleine ist.

Ich habe dieses Buch für all jene geschrieben, die bereit sind, die Strukturen zu hinterfragen, mit denen sie groß geworden sind. Die auf der Suche nach Menschen sind, die Großes leisten, die sich und anderen Orientierungshilfen geben wollen. Die bereit sind, ihren Horizont zu erweitern. Und mutiger zu werden. Denn heute weiß ich, dass ein bisschen von dieser Furchtlosigkeit, der Courage und dem Selbstbewusstsein dieser Menschen, die in diesem Buch vorkommen, in jeder:m von uns steckt. Wir alle sind in der Verantwortung, unsere Gesellschaft, diese Welt, zu einem besseren Ort zu machen – und wir sollten sie auch wahrnehmen.

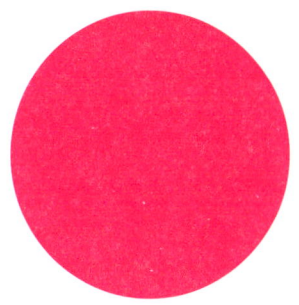

Diese Eigenschaft hatte ich vor zehn Jahren noch nicht: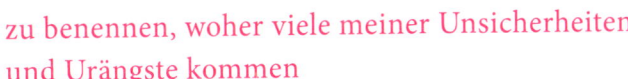
zu benennen, woher viele meiner Unsicherheiten und Urängste kommen

Das mag ich an mir:
dass ich empathisch bin

Und das weniger:
dass ich mich schnell verunsichern lasse.
Aber ich arbeite daran ;-)

Das bereue ich:
mir lange Zeit nicht genug Wertschätzung geschenkt zu haben

Das würde ich meinem 16-Jährigen Ich heute raten:
Lass sie einfach reden

Diese 15 Gespräche waren so rein und pur und ehrlich, dass ich von der Offenheit meiner Gesprächspartner:innen selbst überrascht war. Ich möchte *jeder Protagonistin* danken, die Teil dieses Herzensprojekts war – und noch ein paar anderen Menschen: meiner *Tochter Hedy*, die mich jeden Tag wachsen und lernen lässt und der ich dieses Buch widme. Und die hoffentlich irgendwann in einer toleranteren Gesellschaft leben wird als wir heute. Meinen *Eltern, Irmi* und *Andi*, die mir den Rücken freihalten, wann immer es notwendig ist. Und den besten Freund:innen, die man haben kann: *Sarah, Cecilia, Mathias, Nadja* und *Max* – die mich in meiner schlimmsten Zeit aufgefangen und aufgerichtet haben, denen ich wahrscheinlich nie zurückgeben kann, was sie mir damals gegeben haben. Und denen ich in den vergangenen Wochen eine wirklich schlechte Freundin war. Aber ich weiß, sie verstehen das.

Danke an *Johanna, Alicia, Theresa, Felix, Pia, Ulli, Christian aka Boban, Diana* und *Kathi* fürs Pushen und Motivieren. Danke an *Philip*, der mich immer wieder darin bestärkt hat, mehr auf mich selbst zu vertrauen. Und der mir Halt gegeben hat, wenn ich an mir selbst verzweifelt bin.

Danke an *Mari Lang* fürs Vernetzen. Danke an *Susi Einzenberger* für mein Autorinnenfoto. Und an *Tanja Raich, Lisi Katzensteiner* und *Lucia Marjanović* – für eure Begeisterung und Unterstützung.

Emilia
Roig

„DIE GESELLSCHAFT BELOHNT DEN TRADI-TIONELLEN LEBENS-ENTWURF. DEN DER EHE UND DEN DER HETEROSEXUALITÄT. AUCH WENN DIE GE-SELLSCHAFT OFFENER WIRD: ES IST NOCH EIN WEITER WEG."

✳ *Emilia Roig* ist Politologin und Aktivistin gegen Diskriminierung und Ausgrenzung. Sie unterrichtet an Universitäten in Frankreich, Deutschland und den USA. 2017 gründete sie in Berlin das „Center for Intersectional Justice". Mit „Why We Matter" hat sie 2021 ihr erstes Buch veröffentlicht.

ES IST DER 12. März 2021, und ich mache gerade eine Art ungeplanter Pause. Der neue Job, für den ich meinen alten nach zehn Jahren gekündigt habe, hat sich nach sieben Tagen als Flop herausgestellt, und so sitze ich nun auf meiner dunkelblauen Ikea-Couch, frisch arbeitslos und mit ungewohnt viel Tagesfreizeit zwischen AMS-Telefonaten und mütterlichen Pflichten und in relativ instabiler emotionaler Verfassung. Um mich ein bisschen abzulenken, scrolle ich also durch mein Handy und durchforste gefühlt hundert offene Tabs, alles Interviews und Reportagen, manche von ihnen sind Monate alt. Wann, wenn nicht jetzt, ist der richtige Zeitpunkt dafür, sie endlich zu lesen? Ich bleibe bei einem Zeitungsartikel hängen, er ist aus einer Online-Ausgabe der *Zeit*. Es ist ein Interview mit Emilia Roig über ihr kürzlich erschienenes Buch „Why We Matter". Ich fange an zu lesen und kippe total rein. Roigs Engagement gegen Diskriminierung und Unterdrückung wirkt schier unerschöpflich, den Kampf gegen Ausgrenzung hat sich diese Frau zur Lebensaufgabe gemacht. Die Forderungen der 38-Jährigen sind radikal, weil es, davon ist sie überzeugt, anders nicht geht. Ihre Ansichten und Aussagen sensibilisieren: die Normalität, in der wir leben? Geschaffen von *weißen*, heterosexuellen Männern, die jeden unserer Lebensbereiche beeinflusst. Eine Normalität, in der einer *weißen*, heterosexuellen Frau relativ wenig passieren kann, wenn man an die Diskriminierung aufgrund von sexueller Orientierung oder Hautfarbe denkt. Eine Normalität, die man in dieser Rolle deshalb wohl auch viel zu selten hinterfragt. Das muss ich mir beim Lesen eingestehen.

Emilia Roig ist laut und unbequem. Sie spricht Dinge an, die man vielleicht nicht hören will. Die man wegschiebt, weil man sich nicht mit ihnen auseinandersetzen möchte. Einfach weil sie nicht Teil der eigenen Lebensrealität sind oder nicht hineinpassen – die aber die tägliche Realität anderer sind.

Ich bin neugierig geworden und will mehr über diese Frau wissen. Ich lese weiter, recherchiere und bin zum ersten Mal mit dem Begriff „Intersektionalität" konfrontiert. Wikipedia erklärt diesen Begriff als „die Überschneidung und Gleichzeitigkeit von verschiedenen Diskriminierungskategorien gegenüber einer Person". Emilia Roig geht in ihrer Arbeit im „Center for Intersectional Justice" noch einen Schritt weiter, wie sie in einem Interview erklärt: „Wir betrachten Ungleichheiten innerhalb von Kategorien, die normalerweise als monolithisch und homogen angesehen werden. Zum Beispiel betrachten wir Ungleichheiten zwischen Frauen, wir betrachten Ungleichheiten innerhalb der Gruppe von Migrant:innen, innerhalb der Gruppe von People of Color, innerhalb der Gruppe von Menschen mit Behinderungen, innerhalb der LGBTQ+-Community. Wir schauen auf Diskriminierungsmuster innerhalb dieser Kategorien." Mir wird klar: Roigs Blick auf soziale Ungleichheiten ist viel tiefgreifender und umfassender als der vieler anderer Menschen. Auch als mein eigener.

Sieben Monate später. Ich sitze wieder auf meiner Couch, die Tagesfreizeit ist aufgrund des neuen Jobs mittlerweile knapper, ich habe einen Kräutertee in meiner linken und das iPhone in meiner rechten Hand. Ich tippe die Nummer von Emilia Roigs Mobiltelefon in mein Handy, drehe die Kopfhörer etwas lauter. Es klingelt ein paarmal, dann hebt Emilia ab, sie lacht und begrüßt mich mit ihrem französischen Akzent, wie ich ihn aus Fernsehinterviews kenne. Emilia ist in einem Vorort von Paris aufgewachsen, lebt aber mittlerweile in Berlin. Man muss nicht viele Fragen stellen, um zu merken, welche Dringlichkeit Emilia Roig in der Sache verspürt. Sie steht mit Vehemenz für jene ein, die es selbst nicht können, aber vor allem für sich selbst: Hass, Ablehnung, Unterdrückung – die Französin kennt das alles. Nicht nur, weil sie dazu forscht. Sondern weil sie selbst davon betroffen ist. Aufgrund ihrer Hautfarbe, aufgrund ihres Geschlechts, und aufgrund ihrer Beziehung zu einer anderen Frau.

Emilia Roig ist Schwarz. Und sie ist queer. Dass sie so offen zu ihrer Sexualität steht, war nicht immer so und ein langer Weg, erzählt sie mir am Telefon. Sie spricht von den beiden Seiten, die sie kennt, wenn es um die Lebens- und Beziehungsentwürfe unserer Gesellschaft geht. Zwei Seiten, die im Idealfall dieselbe Grundlage haben, nämlich Liebe, die einander für einige Menschen aber immer noch diametral gegenüberstehen. Emilia kennt einerseits das „normale" Leben, also das, was mehrheitlich immer noch als klassisch, traditionell und deshalb auch als richtig und gut propagiert und angesehen wird. Das heißt: Sie weiß, wie es ist, in einer heterosexuellen Beziehung zu leben, verheiratet zu sein – mit einem *weißen* Mann – und mit ihm Kinder zu haben. Roig weiß seit knapp fünf Jahren aber auch, wie es ist, aus diesem klassischen Gefüge auszubrechen, alles hinter sich zu lassen, Sicherheiten und bekannte Strukturen aufzulösen, um ein Leben zu führen, das sich für sie zwar normaler und richtiger anfühlt, es vom gesellschaftlichen Standpunkt her aber immer noch nicht ist.

Wie das damals war, will ich von ihr wissen, als sie sich 2017 mit 33 Jahren doch dazu entschloss, ihren Mann zu verlassen. Bis zu dieser Partnerschaft wusste Roig zwar auch, dass sie Frauen attraktiv findet, sie entschied sich schlussendlich aber doch dazu, mit einem Mann zu leben und mit ihm eine Familie zu gründen. Richtig hat sich das für sie nicht immer angefühlt. Aber warum trifft man so eine Entscheidung dann? Gegen das eigene Gefühl?

„Weil es da um internalisierte Gesellschaftsmuster und Gedanken gegangen ist", sagt Roig. Wie sie das genau meint? „Das Bild der perfekten Hetero-Familie wurde mir seit der Kindheit eingetrichtert. Ich musste erstmal die Kraft finden, mich von angelernten Mustern und verinnerlichten Lebensweisen zu verabschieden. Ich habe der Liebe zwischen zwei Frauen wenig Legitimität gegeben und sie auch einfach nicht als echte Liebe anerkannt."

Zwei Kinder hat Roig mit diesem Mann bekommen, ihr erstgeborener Sohn Tidiane ist heute sieben Jahre alt. Das zweite Kind ist verstorben. Sechs Monate nach seinem Tod fasste Emilia den Entschluss zu gehen. Um zu sich selbst zu stehen. So befreiend diese Trennung war, so schmerzhaft und emotional war es trotzdem, aus der Beziehung auszubrechen. Weil es eben auch bedeutet, sich von angelernten Mustern und verinnerlichten Lebensweisen zu verabschieden. Weil da ein Familienbild zerbricht, das man in unserer Gesellschaft als das einzig wahre erlebt und erlernt, nämlich dass eine „richtige" und „gute" Familie vor allem aus drei Komponenten besteht: Mutter, Vater und Kindern.

Das, was Emilia Roig erzählt, triggert mich. Ich kann ihre Gefühle ein bisschen nachvollziehen, diesen schmerzhaften Prozess, sich von solchen internalisierten Vorstellungen lösen zu müssen. Ich habe mich 2018 von einem narzisstischen Partner gelöst – heute kann ich das so benennen. Dieses Familiengefüge zu verlassen, war schwierig. Einerseits aufgrund der Co-Abhängigkeit zu meinem damaligen Partner, andererseits, weil ich das „klassische Familienbild" loslassen musste. Ich fühle mich heute, vier Jahre später, manchmal immer noch unzulänglich, wenn ich mit meiner Tochter zu zweit beim Abendessen sitze und mir die Frage stelle, ob ich als Mutter alleine eh genüge und ihr eine genauso wertvolle Familie sein kann, wie es eben „vollständige" Familien sind. „Klar kann ich das", sage ich mir dann. Und ich weiß auch, dass es die einzig richtige Entscheidung war zu gehen. Aber irgendwo tief in mir drinnen sitzt dieses Gefühl, nicht zu genügen, es hat sich fest verankert. Und manchmal bahnt es sich eben seinen Weg nach oben, wie kleine Luftbläschen, die im Wasser an die Oberfläche steigen. Von mitleidigen Blicken oder Kommentaren, mit denen man als Mutter eines Kindes ohne Mann an der Seite konfrontiert ist, will ich gar nicht anfangen. Wer jetzt sagt, dass unsere Gesellschaft doch schon viel weiter sei, dem kann ich hiermit versichern: Nein, ist sie nicht.

Während ich mich kurz in Gedanken verliere, spricht Roig weiter. Sie erzählt von ihrer sexuellen Orientierung, die bei dieser Trennung ja auch eine große Rolle gespielt hat. Emilia identifiziert sich heute als queer und lebt in einer Beziehung mit einer Frau.

Ihr Befreiungsschlag ist einer mit Abstrichen: „Die Gesellschaft nimmt mich als queere Frau ganz anders wahr. Egal ob das bei der Bank ist oder im Restaurant. Ein verheiratetes Paar, Mann und Frau mit Kindern, das ist die gemeinhin akzeptierte Lebensform. Das merkst du daran, wie dir die Menschen begegnen. Ich kann heute zum Beispiel nicht völlig frei über meine Beziehung sprechen, weil es manchmal Auswirkungen auf die Art und Weise hat, wie ich behandelt werde. Das hört sich für viele, die das nicht betrifft, vielleicht absurd an, aber es ist so." Das ist etwas, was Roig empört und verletzt, weil es einfach jeglicher Grundlage entbehrt. Umso wichtiger ist ihr ihr privates Umfeld, in dem sie sich mit Menschen umgibt, die sehr offen sind. „Anders würde ich wohl verzweifeln." Sie resümiert: „Grundsätzlich kann man schon sagen, dass unsere Gesellschaft, so wie sie ist, den traditionellen Lebensentwurf belohnt. Den der Ehe und den der Heterosexualität. Und wenn du nicht dazugehörst, bekommst du das auf vielen Ebenen zu spüren."

Dann erzählt Roig von ihrer Kindheit, und man merkt schnell: Ihre persönliche Geschichte ähnelt ein bisschen der ihrer eigenen Mutter. Emilia wächst in einem Pariser

Vorort auf, als „hybride Identität", wie sie sagt. Ihr Vater ist *weiß* und hat jüdisch-algerische Wurzeln, ihre Mutter ist auf der Insel Martinique geboren. Der Vater ist Arzt, die Mutter Krankenschwester. Das Frauenbild, das sie kennenlernt? Traditionell. Sie lacht: „Die Abholstunde wurde im Kindergarten immer ‚Die Stunde der Mamas' genannt." Die Väter? Größtenteils abwesend, egal in welcher Familie. „Ich kannte alle Mamas von meinen Kommilitonen, die Papas nicht", sagt sie. „Die Frauen waren dafür da, sich um die Kinder zu kümmern. Meine Mutter hat die ganze Care-Arbeit neben ihrem Job erledigt."

Solange die Frauen unter sich waren, seien sie sehr präsent, stark und selbstbewusst gewesen, erinnert sich Roig. „Kaum kamen die Männer von der Arbeit nach Hause, wurden sie still. Und das war in den Augen aller auch völlig legitim, schließlich waren die Männer die Autorität innerhalb der Gesellschaft, also mussten sie das auch innerhalb der Familie sein." Auch Emilias eigener Vater war dieser Ansicht. Wie er war? Autoritär. Ein Patriarch. Ein Mann, der Frauen und Kinder seine Macht spüren ließ. „Meine Mutter stand unter Druck – und ich selbst ständig unter Beobachtung: Wie ziehe ich mich an, wie verhalte ich mich, welche Liebeserfahrungen mache ich? So aufzuwachsen hat mich frustriert und eine enorme Wut in mir geschürt, die ich aber erst heute klar benennen kann."

Irgendwann bricht auch die Mutter aus – und lässt sich scheiden. So, wie auch Emilia später ihr Leben in die Hand nehmen wird. Bis dahin habe ihr eine starke Leitfigur gefehlt, sagt sie heute. Es ist nicht nur ein Wendepunkt im Leben ihrer Mutter, sondern auch in Emilias eigenem. „Das war eine Art Befreiungsschlag – weil ich endlich gesehen habe: Doch, es geht. Wir Frauen können aufstehen, für uns einstehen, wenn es darauf ankommt. Auch wenn es auf der anderen Seite natürlich traurig war, dass diese Familie, so schwierig sie auch bis zu diesem Zeitpunkt war, zerbrochen ist. Aber meine Mutter hat diesen Schritt für ein selbstbestimmtes, freies Leben gesetzt." Roig ist auch heute noch stolz, dass ihre Mutter diesen Weg gegangen ist – auch wenn das, was danach kam, alles andere als einfach war.

„In unserem Umfeld war meine Mutter die einzige geschiedene Frau. Was das heißt, brauche ich wohl nicht zu erklären. Die erste Frau, die sich trennt und nicht mehr dem gesellschaftlichen Stereotyp einer klassischen Kernfamilie entspricht – natürlich wurde sie bemitleidet und manchmal ausgegrenzt."

Die Wut aus ihren Erfahrungen kanalisiert die Politikwissenschaftlerin in ihrem Kampf gegen Ungerechtigkeiten. „Spätestens in der Pubertät habe ich dieses Gesellschaftsbild, dieses Frauenbild, diese Stereotype, mit denen ich herangewachsen bin, hinterfragt und wollte sie aufbrechen." Die Welt zu einem besseren, gerechteren Ort zu machen – das ist ab diesem Zeitpunkt ihre Prämisse.

Dass sie heute beruflich an dem Punkt steht, an dem sie ist, hat sie nur ihrer eigenen Motivation und ihrem unbändigen Willen zu verdanken. Jedenfalls nicht den Strukturen unseres Systems. Kann sie auch gar nicht, denn dieses System gliedert Menschen wie sie in gewissen Bereichen immer noch aus. Auch in ihrer Rolle als Politikwissenschaftlerin, Aktivistin und Spezialistin auf dem Gebiet der Intersektionalität wird sie immer noch hinterfragt – ganz offen, aufgrund ihrer Hautfarbe und sexuellen Orientierung und der Erfahrungen, die sie im Zuge dieser gemacht hat. Was sie sich da anhören muss? Dass ihre Expertise nicht allgemeingültig sein kann, weil sie über keinen universell objektiven und neutralen Standpunkt verfüge. Weil in jede ihrer Analysen ihre persönlichen Erfahrungen als Schwarze, queere Frau hineinspielen würden. Das ist ernsthaft das, was ihr – vorwiegend *weiße, männliche* – Kollegen gerne ausrichten. „Ich bin eine Schwarze Frau, also kann meine Sichtweise nur eine sehr partikuläre sein. Diese Kollegen sind der Meinung, dass man von mir keine fundierte und echte Expertise erwarten kann, weil ich weniger glaubwürdig bin. Weil meine Realität wenig mit der etablierten ‚Normalität‘ unserer Gesellschaft gemeinsam hat."

Da ist sie wieder, die Normalität, über die Roig schon in dem Interview gesprochen hat, das ich im Frühjahr 2021 gelesen habe. Ich frage mich: Wer bestimmt eigentlich, was „normal" ist? Gibt es „die Normalität" überhaupt? Roig sagt Nein – und ich denke, sie hat recht. Denn: Welche Sicht, welcher Blickwinkel auf die Welt ist schon völlig neutral? Dass über Jahrhunderte die Ansichten *weißer* Männer in der Gesellschaft Niederschlag gefunden und unsere erlebte Realität geprägt haben, heißt nicht, dass diese objektiver sind. Oder wahrhaftiger. Im Gegenteil. Keine Entscheidung, egal, wer sie trifft, keine Ansicht ist völlig objektiv.

„Alte, *weiße* Männer lassen sich nur schwer belehren. Egal aus welchem Bereich sie kommen oder in welchem Bereich sie tätig sind. Sei es aus Angst oder Unsicherheit heraus", resümiert Roig. Die nächste Generation sei zumindest auf einem guten Weg, sensibilisierter gegenüber Diskriminierung und offener, sagt sie. Aber auch, wenn die Richtung stimmt, mahnt Roig, dass es immer noch viel zu tun gäbe: „Wir müssen weiterkämpfen. Menschen werden diskriminiert, tagtäglich."

Am Ende unseres Gesprächs möchte ich von Emilia Roig wissen, ob sie eigentlich zu der Frau geworden ist, die sie immer sein wollte. Eigentlich rechne ich mit einer anderen Antwort, aber Roig schießt ein klares und sehr deutliches „Nein" durch die Telefonleitung. Dafür hat sie auch eine ganz einfache Erklärung – und auch die hat ihre Wurzeln in unseren gesellschaftlichen Strukturen: „Ich hatte als Kind immer die Vorstellung davon, Mutter zu sein. Eine Mutter, eingebettet in einer klassischen Familie. Dieses Bild hat meine Identität geprägt. Also habe ich mir erst das Bild, die Illusion der perfekten heterosexuellen Familie gebaut – und dachte, es würde mich glücklich machen. Ich habe geglaubt, genau so muss es aussehen. Bis ich gemerkt habe: Das ist es nicht. Das ist nicht mein Leben. Und das wird es auch nie sein."

Emilia verabschiedet sich, wir legen auf. Mein Tee ist kalt geworden, ich habe während unseres Gesprächs keinen

Schluck davon genommen. In den nächsten Tagen beglei-
ten mich Emilia Roigs Gedanken und Ansichten durch
meinen Alltag – sie hat mich gelehrt, ein bisschen bewusster hinzuschauen. Das fühlt sich gut an.

Das glaubt niemand von mir:
dass ich hochsensibel und überempfindlich bin, viel weine und sehr weich bin

Das rate ich meinem 16-Jährigen Ich heute:
Vertraue dir und glaub an dich. Es ist egal, was die Leute über dich denken.

Das würde ich immer wieder tun:
zu mir selbst stehen, wütend werden und Ungerechtigkeit nicht akzeptieren

Kopf oder Bauch:
ein ständiger Kampf zwischen beidem. Aber je älter ich werde, desto mehr höre ich auf meinen Bauch.

Dieses Buch hat mich geprägt:
„Ich, Tituba, die schwarze Hexe von Salem" von Maryse Condé

Sophia Süßmilch

„ICH FINDE DEN AUSDRUCK ‚STARKE FRAUEN' ZUM KOTZEN. WEIL ER IMPLIZIERT, DASS FRAUEN DIESE EIGENSCHAFT VON NATUR AUS ERSTMAL NICHT HABEN."

✱ *Sophia Süßmilch* ist Künstlerin und hat in München und Wien studiert. Ihr radikalfeministischer Ansatz schlägt sich in ihren aktionistischen Arbeiten nieder, in denen ihr vor allem ihr nackter Körper als „Werkzeug" dient. Außerdem malt Süßmilch Gemälde, bunt und verspielt, auch hier steht meist der weibliche Körper, der Uterus, im Fokus – als Zentrum und Mittelpunkt allen Ursprungs.

WETTERTECHNISCH HATTE ICH noch nie Glück mit Berlin, auch an diesem Wochenende im Herbst 2021 nicht. Es ist grau, regnerisch und kalt. Diesmal macht das aber nichts, denn es ist genau das richtige Wetter, um in das Universum von Sophia Süßmilch einzutauchen. Ich stehe in der Galerie Russi Klenner in Berlin-Kreuzberg, im Plattenspieler läuft „You make it easy" von Air. Rund um mich hängen Sophias Malereien und Fotos. Wohin ich auch schaue, entdecke ich Nippel, nackte Haut und leuchtende Farben. Ich nehme auf einem Holzsessel unter einem großen Bild Platz, es trägt den Titel: „Gott gebiert die Welt wie es ihr gefällt", gegenüber hängt die Malerei einer großen Gottesanbeterin mit riesigen Brüsten – „Dreizehn Jahre Psychoanalyse und immer noch kein Gott in Sicht". Sophias Kosmos ist bunt, er ist schön, schrill und verspielt, in seiner Radikalität irritierend provokant – aber auch ganz schön witzig. Er saugt dich auf in sich, wohlig und warm, und verlangt von seinen Besucher:innen völlige Offenheit, sich darauf einzulassen. Ich spaziere durch die Räume, setze mich wieder hin und blättere den Ausstellungskatalog durch. Während ich lese, muss ich an meine Unterhaltung mit der Künstlerin denken, die mich nicht mehr loslässt.

Sieben Tage vorher. „Kuck, ich zeig' sie dir", sagt Sophia Süßmilch – und zieht sich mit beiden Händen ihren Pullover hoch, um für wenige Sekunden ihre nackten Brüste in die Kamera ihres Laptops zu halten. Ich bin überrascht und amüsiert, mehr aber auch nicht, schließlich ist ein Paar nackter Brüste nichts Aufregendes, vor allem wenn man selbst welche hat. Außerdem passt es gerade gut zum Ausgangspunkt unseres Gesprächs.

Es ist ein Samstagvormittag im Oktober, bis vor 30 Minuten lief im Hintergrund noch mein Lieblingsradiosender BBC Radio 6 Music, ich lag auf meiner Couch rum, habe mich dabei entspannt und gleichzeitig schlecht gefühlt. Wie das halt so ist, wenn das Wetter draußen eigentlich zu schön zum Rumlungern ist. Aber ja, der innere Schweinehund – man kennt das.

Jetzt sitze ich also an meinem Tisch, snacke Weintrauben und Schokosticks, während sich Sophia auf ihrer Couch in Berlin-Kreuzberg ihren Pullover wieder herunterzieht und davon erzählt, wie sie regelmäßig zu- und abnimmt. Gerade hat sie wieder 15 Kilogramm mehr auf den Rippen. Deshalb sind ihre Brüste momentan auch „huge", sagt sie – weil das immer so ist, wenn sie zunimmt.

Sophia erzählt mir das nicht, weil wir gerade einen Beauty-Talk führen, sondern weil sie ihren Körper zum Zentrum ihrer Arbeit gemacht hat. Ihr Bauch, ihre Hände, Füße, ihre Brüste dienen ihr als Werkzeug – wie die leere, weiße Leinwand einem Maler. Was sie mit ihrem Körper alles anstellt? An der Berliner Volksbühne lag sie schon mal mit gespreizten Beinen auf einem Stuhl, um 300 Hühnereier zu gebären. Im wahrsten Sinn des Wortes. An einem anderen Abend ließ sie dort zwei Protagonistinnen an ihren Brüsten nuckeln, während sie eines ihrer Gemälde präsentierte. Der schlichte Titel von Bild und Performance: „Gier". Unter dem Titel „Fallstudie Schwerkraft" fotografierte sie sich mit dutzenden Helium-Ballons, die sie an ihren Brüsten festgebunden hatte. Das ist noch lange nicht alles: Unter dem Motto „What happens in my brain every time I say I'm German" *(dt.: Was in meinem Kopf passiert, wenn ich sage, dass ich Deutsche bin)* reitet sie schon mal in feinster Rodeo-Manier nackt auf einem ausgestopften Schäferhund. 2007 fängt das alles an, da fotografiert sich Sophia zum ersten Mal selbst nackt. Weil man dafür nicht viel braucht, was viel Geld kostet. Für eines ihrer ersten Bilder steckt sie sich eine Rinderzunge in den Mund, stellt sich ausgezogen auf ihr Bett und drückt den Auslöser. Zack, fertig. Sie hat das früher mit einem David-Lynch-artigen Anspruch getan, mittlerweile, sagt sie selbst, habe sie sich davon befreit und bezeichne das, was sie macht, ganz selbstbewusst als „trash".

Ich bin über Instagram auf sie aufmerksam geworden – und folge ihr dort, wie rund 14.000 andere Menschen, schon seit einiger Zeit. Mich beeindruckt ihre Radikalität, ihre Selbstironie und ihr Mut, sich vor hunderten von Menschen hüllenlos auf eine Bühne zu stellen und sich völlig zu entblößen. Die Brüste, den Po, die Vulva. Jeder, der schon mal eine Performance von Sophia gesehen hat, kennt alles von ihr. Wirklich alles. Ich will mit ihr über Scham und Selbstbewusstsein sprechen.

Sophia Süßmilch, die Frau ohne Schamgrenze – kann man das so sagen? „Nein. Ich hatte bei den allerersten Auftritten wahnsinnige Angst davor, mich öffentlich auszuziehen. Aber ich bin jemand, der gezielt dahin geht, wo ich Angst habe. Wo ich Schmerz spüre." Sophia tut das, um furchtloser zu werden. Um ihre Ängste zu überwinden und sie hoffentlich irgendwann ganz zu verlieren. „Es ist also nicht so, dass ich völlig schamlos bin. Sondern dass ich es schlichtweg nicht akzeptiere, dass ich dieses Gefühl habe. Ich gehe über diese Grenze immer wieder drüber. Was soll denn schon großartig passieren, wenn ich mich ausziehe? Sollen die Leute sagen, dass ich fett, scheiße und hässlich bin? Das habe ich doch alles schon längst zu mir selbst gesagt, so wie wahrscheinlich jede Frau, die sich schon mal selbst beschimpft hat oder von einem Mann beleidigt wurde." Da hat sie wohl recht.

Ist es denn überhaupt wichtig für ihre Arbeit, ob sie im Einklang mit ihrem Körper steht? „Eigentlich nicht. Weil ich ihn eben als Instrument sehe. Da ist halt mein Körper, und da bin auch ich, die Sophia, und ich mache das mit dem, weil der so viel kann. Und der macht auch umgekehrt so viele Sachen mit mir. Mir ist klar, dass das, was viele Leute sehen, wenn sie meine Arbeiten anschauen, Selbstbewusstsein ist. Aber ich habe auch meine Body Issues, wie jede:r andere. Wenn ich 15 Kilo Körpergewicht zunehme, so wie jetzt gerade, komme ich auch nicht so damit klar, wie ich es gern würde – und dann versuche ich schnell wieder abzunehmen. Ich versuche seit Jahren, eins mit meinem Körper zu werden. Aber dazu gehören auch andere psychische Heilungsprozesse, wie die Therapie, die ich schon seit Jahren mache. Und innerhalb dieses Prozesses ist auch die Kunst wichtig."

Was man bei ihren Arbeiten nie vergessen sollte: Sophia trennt auch die Privatperson klar von der Künstlerin. „Ich heiße ja eigentlich Carmen Sophia, und diese Carmen, meine Mama nennt mich manchmal noch so, das ist ein zartes, verletzliches Privatpersonwesen. Und was Carmen über sich und ihren Körper denkt, ist etwas anderes, als man auf den Bildern sieht. Von den Fotos darf man nicht automatisch auf mich schließen. Da gibt es immer noch eine andere Seite. Vielleicht muss man diese Selbstporträts und die Performances anders lesen. Nämlich dass ich es mir vielleicht wünsche, so zu sein, wie ich in meinen Aufnahmen bin: so selbstsicher."

Ich frage mich, ob diese Unsicherheit für den eigenen Schaffensprozess nicht ohnehin wichtig ist, damit Kunst auch wirklich relevant wird. Wäre der Output genauso stark, wenn da nur Selbstbewusstsein wäre? Sophia muss überlegen. „Ja, für mich ist meine Unsicherheit definitiv notwendig, um die Arbeiten zu mache, die ich mache." Und wo findet jemand wie Sophia Süßmilch dann Sicherheit, wenn sie sie braucht? „Sicherheit gibt mir, dass ich den Beruf gefunden habe, den ich liebe. Und dass ich Anerkennung dafür bekomme. Erfolge geben mir Sicherheit. Oder ich hole mir Freund:innen an die Seite oder ziehe mir geile Schuhe an. Ich wünschte, ich hätte etwas anderes in mir gefunden, das mich ‚bämm‘ hat werden lassen. Ist aber nicht so. Noch nicht. Aber auch hier gilt: Ich gehe zu meiner Angst hin. Das ist schmerzhaft, aber ich will nichts verdrängen." Sophias Mission? „Ich will mich unverwundbar machen! Ich will die Erleuchtung, Mann." Sophia lacht ihr typisches Sophia-Süßmilch-Lachen – tief und kehlig.

Plötzlich klopft es an der Tür der Galerie. Im Regen stehen drei junge Frauen, sie holen mich aus meinen Erinnerungen zurück. Der Galerist öffnet ihnen, sie sind auch nur wegen Sophia gekommen. Ich stehe auf und sehe mir die Fotografien an, auf einigen davon ist Süßmilch mit ihrer Mutter zu sehen. Eine kräftige Frau mit großen Brüsten und dickerem Bauch. Auch sie ist Teil der Performances ihrer Tochter – und lässt sich dafür ebenfalls hüllenlos fotografieren. „Meine Mama ist zu Hause immer schon nackt rumgelaufen. Für die ist das eigentlich selbstverständlich", hat mir Süßmilch eine Woche zuvor gesagt.

Sophia ist mit einem sehr selbstbestimmten Frauenbild aufgewachsen. Beine rasieren, BH tragen – wozu? „Meine Mutter war immer schon dick, hat sich die Haare lang wachsen lassen und sich auch nicht die Beine rasiert", sagt sie. „Einen BH hat sie auch nie getragen. Und einmal hat sie den Sternsingern sogar ohne Klamotten die Tür geöffnet. Ich fand das natürlich schrecklich und total uncool." Sie muss über die alten Geschichten schmunzeln und erzählt weiter: „Sie hätte damals auch nie eine Diät gemacht, nie im Leben! Würde sie auch heute nicht. Sie liebt sich so, wie sie ist, das war immer schon so – und die Männer tun das auch." Vielleicht bilde ich es mir nur ein, aber ich habe das Gefühl: Wenn man die Fotos ansieht, dann merkt man das.

Sophia erzählt mir bei unserem Gespräch noch viel mehr von ihrer Kindheit und Jugend. Von dem Frauenbild, das ihr die Gesellschaft vorgelebt hat und mit dem sie groß geworden ist, und davon, wie sie heute in der männerdominierten Kunstbranche versucht, unbeirrt ihren Weg zu gehen.

Gemeinsam mit ihren vier Geschwistern wächst Sophia in einer alten Mühle auf, ihr Vater stirbt, als sie gerade

15 Jahre alt ist. Ihre Mama ist damals 35. Als Jugendliche verbringt Sophia viel Zeit in einem Jugendzentrum, rebelliert gegen die Mutter, kifft. Ist mal Hippie mit langen Haaren und selbstgenähter Schlaghose, dann wieder Punk mit Nasenring und Glatze. Im selben Jahr lernt sie einen zehn Jahre älteren Mann kennen – und kommt zwei Monate nach dem Tod ihres Vaters mit ihm zusammen. Sie zieht mit ihm nach München. „Ich war eigentlich noch ein Kind. Und das war schon problematisch, vor allem auf der sexuellen Ebene. Ich kann mich auch erinnern, dass er immer wieder sehr bewundernd von seinen Ex-Freundinnen gesprochen hat, die Künstlerinnen waren. Und zu mir sagte er immer: Du wirst auch mal eine tolle Frau. Das war richtig verletzend, ich mein, das kann man doch keinem Teenager sagen. In meinen Augen war ich ja schon eine tolle Frau. Ab diesem Zeitpunkt habe ich dann auch versucht, immer älter zu wirken, als ich bin." Die Beziehung bezeichnet sie heute als Abhängigkeitsverhältnis. Zieht sie sich zurück, will er sie immer stärker. Macht er Schluss, bricht für sie die Welt zusammen. Als sie 18 ist, ist es endgültig aus. Süßmilch bricht daraufhin die Schule ab – und muss raus. Zwei Jahre lang macht sie Party, fährt Rikscha, um sich ihren Lebensunterhalt zu verdienen, und arbeitet bei der Post. Irgendwann macht sie doch noch ihr Abitur, um auf die Universität gehen zu können.

Das Frauenbild, das sich Süßmilch in dieser Beziehung und außerhalb ihrer vier Wände bietet, ist ein anderes. Es ist das, was irgendwie jedem jungen Mädchen in den 1990ern und Nullerjahren diktiert wird. Illustrierte für

Teenies schießen wie Pilze aus dem Boden, erobern den Zeitschriftenhandel. Sie heißen *Sugar, Mädchen* oder *Bravo Girl!*, und propagieren genau das, was Sophia jetzt thematisiert: „Wie kann ich möglichst dünn sein und mich schön schminken? Wie kann ich so wenig wie notwendig sagen und nur gut aussehen? Wie kann ich nicht furzen? Wie existiert so wenig wie möglich von meiner Persönlichkeit? Schließlich will und soll ich nur Projektionsfläche sein. Alles, wirklich alles, musste darauf ausgerichtet sein, dass man von jemandem gewollt wird."

Süßmilch interessiert sich aber schon damals für Menschen, die anders sind. Heute erinnert sie sich: „Charismatische Frauen haben mich angezogen. Frauen, die extravagant waren, eine Meinung hatten. Irgendwann dachte ich mir: ‚Ich will auch so krass wie die werden!'" Das Wort „stark" benutzt sie nicht, ganz bewusst. Warum? „Ich finde den Ausdruck ‚starke Frauen' zum Kotzen. Weil er impliziert, dass Frauen diese Eigenschaft von Natur aus erstmal nicht haben." Süßmilch wollte also „krass" werden, aber erstmal nicht sich selbst zuliebe. Sondern nur, um von Männern gesehen zu werden: „Sei toll, aber nur, damit dich jemand anderer toll findet. So lief das damals. Ich glaube, dass das viele Frauen, die heute in unserem Alter sind, damals so erlebt und empfunden haben. Und das irgendwann wieder abzulegen, ist total schwierig."

Angehalten habe dieses Gefühl bis zu ihrer Zeit auf der Akademie in Wien, erzählt sie. Dort lernt sie eine Freundin kennen, die ihr hilft, dieses Gesellschaftsbild zu hinterfragen – und auszubrechen. „Wir waren nicht zusammen, aber ein Zweiergespann. Wir haben einfach gemacht, worauf wir Bock hatten. Frauensolidarisierung hatte ich bis zu diesem Zeitpunkt noch nie in so einer starken Form erfahren. Mir ist da eine richtige Last von den Schultern gefallen. Plötzlich war es mir scheißegal, ob Typen den Ton angeben wollten. Ich wollte machen, worauf ich Bock hatte."

Auch jetzt, als etablierte Künstlerin, will sie das – das ist aber nicht immer so einfach. Weil Frauen auch im Kunstbetrieb, so wie im Rest der Gesellschaft, noch immer mit Benachteiligungen zu kämpfen haben. Sophia lacht, obwohl das Thema ernst ist. „Ich glaube, ich wäre an ganz anderer Stelle und würde ganz anderes Geld verdienen, wenn ich einen Schwanz hätte. Muss ich mehr sagen?" Weil ihre Arbeiten anders beurteilt werden als die ihrer männlichen Kollegen – Qualität werde immer noch eher den Männern zugeschrieben als Frauen – wirkt sich das auch auf den Preis ihrer Arbeiten aus. „Wenn Werke von Frauen so teuer sind wie die ihrer männlichen Kollegen, heißt es: ‚Boah, ey, ist die teuer!' Bei einem Typen wiederum sagt man sich: ‚Hey, Schnäppchen!' Die Leute sind einfach bereit, mehr Geld für Werke von Männern auszugeben. Aber hey, ich muss und will natürlich auch von meiner Kunst leben können. Wo kommen wir sonst hin?"

Während Sophia mir das erzählt, recherchiere ich nebenbei und entdecke eine Studie aus dem Jahr 2017. Sie belegt das Ungleichgewicht im Kunstbetrieb mit konkreten Zahlen: Der Ökonom und Kunstmarkt-Experte Roman Kräussl analysierte mit seinem Team anhand von 1,5 Millionen Auktionsdaten von 1970 bis 2013 den Gender-Pay-

Gap in der Kunstbranche. Das Ergebnis: Werke von Frauen erzielen bei Auktionen um 47,6 Prozent niedrigere Preise als Arbeiten von Männern. Das wirkt sich wiederum negativ auf die Preise in Galerien aus. Und das nur, weil Frauen Frauen sind.

Sophia hat sich in Rage geredet, das Thema regt sie auf – völlig zu Recht. Das ist ja kein unbekanntes Bild, es zieht sich durch die gesamte Gesellschaft, und mir fällt ein, dass erst kürzlich durch die Medien gegangen ist, dass Frauen 68 Tage im Jahr unbezahlt arbeiten.

In der Kunstbranche ginge es aber nicht nur darum, Preise anzupassen, meint Sophia, sondern auch darum, Künstlerinnen sichtbarer zu machen. Ich muss an die Aktion der Künstlerin Sibylle Zeh denken, die vor einigen Jahren aus dem Reclam-Künstlerlexikon – es umfasst 5.000 Artikel zu Künstler:innen –, alle Männernamen mit weißer Farbe übermalte. Übrig geblieben sind 169 Artikel zu Frauen. „Ich erlebe es auch jetzt immer wieder, dass befreundete Kuratoren nur Männer für Ausstellungen auswählen, obwohl sie es eigentlich besser wissen müssten. Ich spreche das dann auch direkt an. Sagen wir eher: Manchmal traue ich mich, das anzusprechen, manchmal will ich dann auch niemandem auf den Schlips treten, keine Diskussionen, und halte traurigerweise meinen Mund. Ein Teufelskreis: Wenn im eigenen Umfeld was schiefläuft, ist es eben sehr viel schwerer aufzumucken", sagt Sophia.

Wir sind mittlerweile nicht mehr nur bei Preisdiskriminierung und Sichtbarkeit, Sophia spricht jetzt über den Sexismus, dem sie als Künstlerin immer wieder ausgesetzt ist. Als Frau an sich und eben auch, weil ihr nackter Körper ihr Arbeitsinstrument ist. „Was ich mir manchmal anhören muss! Ein Typ hat mich bei der Eröffnung meiner Ausstellung damit begrüßt: ‚Oh, Sophia Süßmilch, endlich mal nicht nackt!‘ Oida, was ist mit dem? Das passiert Männern einfach nicht." Sie erinnert sich an eine Erfahrung an der Akademie in München. Ein Professor wollte eine ihrer Arbeiten besprechen, vor der Klasse sagte er ihr ganz nebenbei: „Boah, hast du dicke Titten!" Diese Liste, jede Frau könnte sie wahrscheinlich unendlich weiterführen. Süßmilch erzählt von Feuerzeugen, die ihr einfach so zwischen die Brüste gesteckt wurden, und erinnert sich an erste sexuelle Erfahrungen. Sie erzählt von Männern, die sich „einfach genommen haben, was sie wollten, weil sie der Meinung waren, es stünde ihnen zu. Nur weil man in einer Art Beziehung mit ihnen war." Sie spricht von Männern, die wütend werden, „wenn man nicht ohne Kondom Sex haben will. Oder wenn man auch einfach gerade keine Lust hat."

Sie ist froh über die feministische Welle, die seit einigen Jahren da ist und weiter anhält, weil sie auch ein Umdenken bei jungen Männern erzwingt. „Mein Freund ist elf Jahre jünger als ich. Er und seine Boys merken, dass Frauen im patriarchalen System, so wie es jetzt ist, Schwierigkeiten haben. Und sie probieren, Dinge anders zu machen. Der Vally *(Sophias Partner, Anm.)* würde mir zum Beispiel nie sagen, dass ich abnehmen soll. Der würde eher sterben, bevor er das sagt. Und ich weiß, er findet mich schön, egal wie dick oder dünn ich bin. Er sagt mir das, er zeigt mir das. Seine Vorstellungen von Ästhetik sind andere als die von den ‚90s Boys‘, wie ich sie gerne nenne, also Männern, die noch mit einem sehr konventionellen Bild von Körper und Schönheit aufgewachsen sind." Auch im Kunstbetrieb manifestiere sich dieses Umdenken. „Es wird sich einfach nicht mehr so viel getraut, so viel herausgenommen wie früher."

Süßmilch sieht sich selbst als „aggressive Feministin" und freut sich, wenn sie auch als solche wahrgenommen wird, auch wenn ihre Kunst aus keinem politischen Antrieb heraus entstehe oder gar eine Intention in diese Richtung habe. Sie mache keine feministischen Arbeiten, zumindest nicht mit dieser Absicht, sagt sie. „Aber weil man Kunst nie ohne Kontext sehen kann, ist es automatisch ein feministischer Akt, wenn ich mich ausziehe. Weil die Gesellschaft sagt, dass eine Frau das nicht zu tun hat." Da sind wir wieder bei dem Frauenbild, über das wir vorhin gesprochen haben. „Frauen haben einem Stereotyp zu entsprechen. Sie haben deshalb nicht dick zu werden, weil sie damit erzählen: ‚Ich habe keine Grenzen. Ich bin maßlos.' Und das erlaubt unsere Gesellschaft Frauen nicht. Denn Frauen haben sich zu mäßigen. In jeder Hinsicht." Einen Kampf der Geschlechter würde Süßmilch nicht ausrufen, es gehe ihr auch nicht darum, dass Männer keine Fehler mehr machen dürfen. „Sondern darum, dass sie es merken, wenn sie welche machen." Es sei eher wichtig, Bewusstsein zu schaffen. Sie nimmt sich da auch selbst nicht aus der Verantwortung und versucht, ihren Horizont stetig zu erweitern. „Ich bin heute sensibler dafür, wie internalisiert bei jedem von uns zum Beispiel Rassismus ist. Ich bin sensibler, was marginale Strukturen betrifft, und mir ist bewusst, wie auch ich innerlich Menschen abwerte, die dick sind. Ich versuche, das alles zu verändern, und bin froh und dankbar, dass ich dahingehend meinen Blick schärfen kann." Auch ihren Blick auf sich selbst hat sie geschärft. Oder vielmehr entschärft. Ja, sie hat gerade 15 Kilo mehr. Und ja, sie komme eigentlich „nicht darauf klar". Aber wo sie früher viel mehr haderte, sagt sie sich heute: „Fuck it, dann hab ich es halt gebraucht. Und dann mache ich eine Performance, in der mein Bauch schwabbelt. Oder in der eben meine Hängebrüste im Zentrum stehen." Sophia lächelt.

Wir haben fast eineinhalb Stunden miteinander gesprochen. Sie erzählt mir noch schnell, dass sie sich jetzt ein paar Wochen Pause von allem gönne, ich hatte also Glück, dass ich sie gerade noch vor ihrer Auszeit erwischt habe. Dann verabschiedet sie sich.

Zurück in Berlin. Wer in ihren Arbeiten und Performances nur ihre Nacktheit sähe, sie darauf reduziere, würde ihre Kunst nicht verstehen, hat Sophia in unserem Gespräch noch zu mir gesagt. Ich bin nicht sicher, ob ich all ihre Werke richtig interpretiere. Aber es fasziniert mich, mich in diese Welt hineinzuversetzen, nachdem ich nun auch einen kleinen Einblick bekommen habe, wer hinter der Künstlerin Sophia Süßmilch steckt. Ich lege mich auf ein weißes Fell auf dem Boden. In meiner rechten Hand habe ich einen Sticker, er zeigt das Foto, das auch über meinem Kopf hängt: Sophia und ihre Mutter, umhüllt von einem Berg von Butter. Man sieht nur noch ihre Gesichter. „Alles in Butter" steht darüber – und das trifft meine Stimmung gerade ziemlich gut.

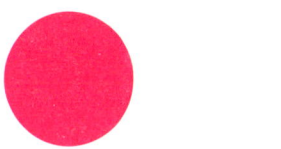

Das glaubt niemand von mir:
dass ich Body Issues habe

Kopf oder Bauch:
Bauch

Das regt mich auf:
Männer

Das sagen andere über mich:
Du bist so mutig!

Mit diesem Vorurteil wurde ich am häufigsten konfrontiert:
Du bist so mutig!

Jaqueline Scheiber

„ICH MUSSTE FÜR MICH SELBST DIE PERSON WERDEN, DIE MIR BEWUSST MACHT, DASS ICH MIT TRAU-ER, WUT UND ENT-TÄUSCHUNG NICHT ALLEINE BIN. WEIL ES NIEMAND ANDEREN GAB, DER MIR DAS GEZEIGT HÄTTE."

* Die Burgenländerin *Jaqueline Scheiber* ist Sozial-arbeiterin, Autorin und erfolgreiche Influencerin. Aber nicht, weil sie ihren Followern die perfekte Welt vorgaukelt. Scheiber geht es um echte Gefühle. Besonders am Herzen liegen ihr die Themen Trauerarbeit, mentale Gesundheit und Body Positivity.

IM CAFÉ ENGLÄNDER ist alles wie immer. Stimmenge-wirr flirrt durch die Luft, die Kellner sind ein bisschen im Stress, hetzen von einem Platz zum nächsten, bleiben dabei aber trotzdem höflich. Gläser klirren, Besteck klappert. An einem der Tische neben der Bar sitzt ein österreichischer Musikkritiker bei einem kleinen Bier und interviewt eine Band, die später noch im Porgy & Bess, einem Jazzlokal ei-nige Gassen weiter, spielen wird. Wenige Plätze von ihm entfernt hat ein Ex-Supermodel mit drei weiteren sehr schönen Menschen Platz genommen, daneben studiert ein renommierter Politik-Journalist die Tageszeitungen. Man trifft hier immer jemanden, den man kennt, persönlich oder nur vom Sehen. Goldene Regel.

Es ist also viel los an diesem Montag. Ich erwische mit Glück einen der letzten beiden freien Tische. Ganz hinten, irgendwo im Eck. Das ärgert mich ein bisschen, normaler-weise würde ich weiter vorne sitzen, mehr in Richtung Bar. So wie früher, als ich mir hier die Nächte um die Ohren geschlagen habe, gelacht, diskutiert, geraucht – und manch-mal auch geschmust habe.

Ich bestelle einen Weißen Spritzer und krame in mei-ner blauen „The Who"-Stofftasche nach meinem Laptop, meinem Block, dem Kugelschreiber und meinem Handy. Es ist 17 Uhr, 30 Minuten habe ich noch, bevor Jaqueline Scheiber kommen wird.

Also scrolle ich nochmal durch den Instagram-Feed der Burgenländerin. „No feeling is final" steht da ganz oben unter ihrem Namen. Es ist ein ins Englische übersetztes Zitat von Rainer Maria Rilke. Die ganze Zeile lautet: „Let everything happen to you: beauty and terror. Just only keep going: no feeling is final." *(Lass dir alles geschehn: Schönheit und Schrecken. Man muss nur gehen: Kein Gefühl ist das fernste.")* Ich kann manchmal relativ wenig mit bedeutungsschwangeren Zitaten anfangen. Einen Satz wie „No feeling ist final" könnte jede beliebige Influencerin in ihrer Beschreibung platzieren, ohne ihn dabei richtig ernst zu nehmen. Aber Jaqueline Scheiber gehört nicht in die Kategorie „beliebige Influencerin". Sie ist anders. Instagram, das Tool für Perfektion, für Schönheit, für Illusion, nutzt sie für das genaue Gegenteil. Ihr geht es um die Realität. So hässlich die manchmal auch sein mag. Gefühlen, vor denen man mit aller Kraft gerne davonlaufen würde, weil sie zu schmerzhaft sind, um sie zuzulassen, gibt Jaqueline Scheiber Raum. Öffentlichen Raum. Ganz ohne dabei mit erhobenem Zeigefinger großartig missionieren zu wollen. Sätze wie „Sieh die Krise als Chance" würde Scheiber nie posten. Denn manchmal ist das Leben einfach ungerecht. Und scheiße. Daraus auch noch eine große Sinnfrage zu machen, hält sie für überflüssig.

Unter ihrem Account @minusgold spricht sie über Depressionen, macht ihre bipolare Störung öffentlich, verarbeitet die Trauer über den Tod ihres Partners und zeigt ihren von Dehnungsstreifen übersäten Bauch. Filter braucht und will sie nicht. Scheiber präsentiert sich ungeschönt, und das mehr als 40.000 Followern.

Ich finde ihre radikale Ehrlichkeit mutig, so wie wahrscheinlich sehr viele andere. Aber ich frage mich auch, ob Jaquelines Postings und Videos in manchen Menschen auch Ablehnung hervorrufen. Weil diese sie vielleicht genau dort treffen, wo sie selbst nicht hinschauen? Oder weil viele immer noch denken, dass es sich nicht gehört, sein Innerstes nach außen zu kehren? Ich mache mir noch ein paar Notizen – und dann ist Jaqueline auch schon da. Sie trägt einen braunen Mantel und einen langen Schal. Unter ihrer senfgelben Baskenmütze blitzen ihre orangefarbenen Haare hervor, an den Handgelenken einige ihrer Tattoos. Sie ist nicht alleine gekommen, mit dabei ist ihr Hund Frederik, den sie vor fünf Jahren aus dem Tierheim geholt hat. Er macht es sich unter dem Tisch gemütlich.

Jaqueline hat gerade eine Krise. Ich weiß das nicht, weil sie es gleich erzählt, sondern weil sie einen Tag vor unserem Treffen einen Liebeskummer-Leitfaden gepostet hat: weinen, bis die Lider brennen. Eine Form der Betäubung finden. Den Abschied geschehen lassen. Scheibers Beziehung ist nach zwei Jahren in die Brüche gegangen, völlig überraschend. Auch in ihrem Fall hat das, was einer bereit ist zu geben, nicht ausgereicht. Das schmerzt. Die 27-Jährige beginnt darüber zu sprechen, ganz ruhig und gefasst – und so offen, wie sie es auch in der digitalen Welt tut. Sie erzählt davon, dass sich ihr Freund dazu entschieden hat, sie zu verlassen. Und dass sie das immer noch völlig aus der Bahn wirft. „Ich weiß, überall auf der Welt erleben Leute Liebeskummer. Aber ich kann irgendwie gar nicht mehr weiter. Es ist richtig arg." Das ist jetzt ein paar Wochen her. Erst hat sie gar nicht verstanden, warum es doch so existenziell für sie ist. Bis ihr ihre Therapeutin erklärt hat, dass diese Trennung wie eine Retraumatisierung ist. Und Wunden aus dem Jahr 2016 neu aufreißt. Wenn Jaqueline dann erzählt, dass es Leute gibt, die ihr gerade erklären, dass sie eigentlich eh gut auf solche Situationen vorbereitet sein müsse, nach dem, was sie damals erlebt hat, fragt man sich schon, ob diese Menschen eigentlich gar nichts verstanden haben.

2016 ist das Jahr, in dem Scheiber ihren Freund Felix verliert. Völlig unerwartet. Sie wacht am Morgen des 11. August auf – und er ist tot. Gestorben an einer Lungenembolie im Schlaf. Es ist schwer, sich vorzustellen, was in einem solchen Moment in einem Menschen vorgeht. Wie sich das anfühlen muss. Dieser Schmerz, diese Verzweiflung. Das Nicht-Wahrhaben-Wollen. Danach monatelang jeden Tag aufzuwachen, einen Moment lang zu hoffen und zu bitten, dass das alles einfach nicht wahr ist.

In Jaquelines Leben ist von diesem Moment an nichts mehr so, wie es vorher war. Und vom ersten Tag an teilt sie ihre Trauer auf Instagram. Lässt ihrem Schmerz, ihren Tränen freien Lauf. Sie tut das immer in Abstimmung mit Felix' Eltern – sie möchte nichts veröffentlichen, was die beiden vor den Kopf stoßen könnte. Und für die beiden ist das in Ordnung.

Für Jaquelines Freunde ist es das nicht. Und da ist sie auch schon, die Ablehnung, über die ich mir vorhin einige Gedanken gemacht habe. „Die meisten konnten nicht damit umgehen, dass ich meine Gefühle öffentlich gemacht habe. Manche haben gemeint, ich tue das nur, um mich selbst darzustellen und zu inszenieren. Weil ich Aufmerksamkeit brauche. Das ist natürlich völliger Blödsinn."

Einige Wochen nach Felix' Tod fährt Scheiber ins Tierheim, holt Frederik zu sich. Weint in sein Fell, geht spazieren, stundenlang. Um irgendwie zu verarbeiten, was passiert ist. Weil sie sich in anderen Therapiegruppen nicht gehört fühlt, gründet sie den Young Widowers Dinner Club, einen Verein junger Witwen, die sich bei Treffen regelmäßig über ihre schmerzhaften Verluste austauschen. Bei der Trauerverarbeitung wächst somit auch ein neuer Freundeskreis. Einer, der auch heute gut damit umgehen kann, wenn sie ihren Gefühlen auf Instagram freien Lauf lässt. Oder wenn sie sich an Felix' Todestag öffentlich an ihn erinnert.

Ich frage sie, ob man sich von so einem plötzlichen Verlust je erholen kann. Und ob man je an den Punkt kommt, die Zeit nicht mehr zurückdrehen zu wollen. „Ich würde sagen, man integriert es. Irgendwann fühlt sich das nicht mehr an wie etwas, was einem widerfahren ist, sondern es wird ein Teil von dir. Ich schaue auch heute noch mit einem Bruchteil von Kummer darauf. Aber Felix' Tod war auch etwas, was mich zu der gemacht hat, die ich heute bin. Und es ist doch tröstlich, dass man als Mensch die Fähigkeit besitzt, sich die ganz schlimmen Tragödien in die DNA zu schreiben und damit weiterzugehen."

Und ja, irgendwann komme der Punkt, an dem man merke: Man kann und will nicht mehr zurück. „Würde ich jetzt die Zeit zurückdrehen, wäre alles weg, was ich heute bin. Wenn Felix jetzt noch leben würde, würden wir beide jetzt vermutlich nicht hier sitzen. Das ist zwar nicht sinnstiftend für das Ereignis an sich. Aber meine Welt ist mittlerweile eine andere. Wenn Felix noch am Leben wäre, wäre mein Leben sicher auch gut, aber anders. Es wäre aber eben nicht dieses Leben."

Felix lebt nicht mehr, aber welche Rolle spielt er in Jaquelines Leben noch? „Es wird immer eine Beziehung, eine Liebe sein, die niemand bewusst beendet hat. Er ist für mich die Erkenntnis gewesen, dass es tatsächlich jemanden gibt, der einem auf einer Ebene begegnet, die sich so richtig anfühlt. Das, was ich mit ihm erfahren habe, habe ich vorher nicht für möglich gehalten. Das war unglaublich. Er bleibt für mich ein Stückweit schon auch diese Definition von Liebe. Und er bleibt als Hoffnung, dass es nicht der einzige Mensch der Welt war, der sowas in sich birgt."

Während Jaqueline spricht, merke ich, wie sich um meinen Hals alles zusammenzieht und mir die Tränen in die Augen schießen. Ich kann sie auch nicht mehr zurückhalten oder kontrollieren, sie laufen mir einfach über die Wangen. Ich wische sie mir mit meinem Zeigefinger weg, die zerlaufene Wimperntusche färbt ihn schwarz. Was mir bei einem anderen Gespräch vielleicht unangenehm wäre, fühlt sich vor Jaqueline total okay an.

Alles muss raus. Offensichtlich auch bei mir. Der Unterschied ist nur, dass ich meine Tränen nicht öffentlich teile, zumindest nicht vor einer Menge an Menschen, die locker ein Fußballstadion füllen könnten. Warum hat Jaqueline dieses Bedürfnis? Sie lacht. „Ich muss meine Gefühle auf eine Bühne stellen und sie dort ausfechten. Weil sie dann an einem anderen Ort sind und nicht mehr bei mir. Und mich somit weniger belasten. Das ist auch eine

Art der Abstraktion, finde ich. Aber es geht mir nicht ausschließlich um die Reflexion. Mir ist bei dem Ganzen schon auch ein gewisser künstlerischer Anspruch wichtig, bei meinen Texten, Essays und Bildern. Und natürlich geht es mir um Aufklärung."

Scheiber ist für andere Menschen die Person geworden, die sie früher selbst gebraucht hätte. Sie ist die, die anderen Menschen bewusst macht, dass nicht nur nicht alles im Leben super ist, sondern dass auch nicht alles super sein muss. Ihr selbst hat das aber nie jemand erklärt. Weil die Gesellschaft auch in den 90ern noch nicht so weit war, dass man Depressionen oder psychische Probleme öffentlich thematisiert. Damals galt noch: Wer zum Psychologen oder Psychiater geht, mit dem stimmt etwas nicht. Ich habe diese Sätze als Kind ja selbst oft genug gehört, im Bekanntenkreis meiner Eltern. Was einen belastet, wird schön mit sich selbst ausgemacht. Oder zumindest in den eigenen vier Wänden. Wie es einem wirklich geht, das geht andere Leute gar nix an.

„Ich musste mit selbst bewusst machen, dass ich allein bin mit Trauer, Wut oder Angst. Weil es niemand anderen gab. Weil ich auch – vor allem in meiner Familie – nur mit ‚starken Frauen' konfrontiert war. Mit Frauen, die immer positiv gestimmt waren, die nie aufgegeben haben. Egal wie scheiße etwas war. Immer kämpfen, immer tun. Die hatten aber auch keine andere Wahl. Mir also irgendwann meine Schwächen, meine Tiefpunkte und mein Scheitern einzugestehen, das war die größte Befreiung, die ich erleben konnte."

Scheiber erinnert sich an ihre erste Depression mit 14. Bis zu dem Zeitpunkt schafft sie es irgendwie noch, schlechte Phasen zu durchtauchen. Ihre Mutter sagt ihr: „Bleib positiv" oder „Schau doch, was du alles hast." Sie meint es gut. Aber irgendwann kommt der Punkt, da kommt Jaqueline damit nicht mehr weiter. Fühlt sich instabil und unsicher. Und kann nicht benennen, warum. „Ich war extrem in meinen Emotionen und bin dann auch sehr übergewichtig geworden: Essen als Coping-Strategie, der Klassiker. Dazu kam irgendwann selbstverletzendes Verhalten, und das alles hat sich so gesteigert, dass ich nicht mehr aufstehen konnte. Ich war einfach zu traurig. Ich musste an einen sehr tiefen Punkt kommen, bis auch meine Mutter gesagt hat: ‚Da habe ich jetzt auch keine Lösung. Das ist einfach nur g'schissen gerade.' Und das war irrsinnig wichtig, weil ich da zum ersten Mal gemerkt habe, dass meine Sicht und meine Gefühle auch völlig okay sind."

Heute weiß Scheiber, dass in ihrer Kindheit manche Dinge schiefgelaufen sind. Sie wächst nach der Trennung ihrer Eltern bei ihrer Mutter in prekären Verhältnissen auf. Spielt im Gasthaus, während ihre Mama daneben kellnert. Übernachtet als Vierjährige mit ihr im Auto auf einem Parkplatz. „Meine Mutter hat sicher getan, was sie konnte, und es immer gut gemeint, aber das hinterlässt natürlich Spuren, weil da manchmal Sicherheit gefehlt hat." Scheiber lerne gerade erst, die Dinge zu benennen, einiges habe sie einfach verdrängt, erzählt sie.

Sie spricht heute viel über diese Erfahrungen, über ihre Kindheit, auch in der Therapie. Zusätzlich ist das Schreiben ein Ventil, damit hat sie schon als Teenager begonnen. In der Schule kritzelt sie in ihr Notizbuch, wenn sie spazieren geht, hat sie es dabei, irgendwann tippt sie ihre Essays, Texte und Gedichte zu Hause in den Computer und veröffentlicht sie anonym im Netz. Ganz frei ist sie dabei nicht, sie postet ihre Beiträge und Texte erst anonym, weil sie nicht erkannt werden, nicht als depressiv geoutet werden will. Denn: Die Jaqueline im Netz und die im echten Leben, das sind zwei verschiedene Menschen. Erst mit Anfang 20 trennt sie diese beiden Teile nicht mehr voneinander. Und kann sagen: Ja, das bin ich.

Die zunehmende Öffentlichkeit bringt natürlich Verantwortung mit sich – und sie bringt es mit sich, dass auch ihre Follower:innen ihre persönlichen Geschichten mit ihr teilen. Hunderte Kommentare finden sich unter ihren Postings, ihr Postfach geht manchmal über vor privaten Messages. Nach Lesungen wollen die Menschen, die ihr zuhören, auch mit ihr sprechen. Ich stelle mir das sehr überfordernd vor. „Ist es auch", gibt Jaqueline zu. „Gerade bei öffentlichen Auftritten würde ich danach einfach am liebsten verschwinden. So schön das ist, aber ich habe oft das Gefühl, dass ich mich da gerade nackt ausgezogen habe vor einem Publikum, das mir zugehört hat. Bevor dann jemand kommt und mir was gibt, indem er mir seine Geschichte erzählt, brauche ich aber zumindest zuerst einen Moment, um mein ‚Gewand' wieder anzuziehen."

Am Versuch, sich abzugrenzen, scheitere sie ständig. Weil sie oft erst im Nachhinein merkt, wenn ihre Grenzen überschritten wurden.

Jaqueline Scheiber legt ihr Besteck zur Seite und wischt sich den Mund mit der Serviette sauber. Sie erzählt, dass sie einen Tag vor unserem Treffen auch eine Lehrveranstaltung an einer Fachhochschule gehalten hat, in der sie Studierenden aus dem Kommunikationsbereich öffentlicher Institutionen näherbrachte, wie man mit emotionaler Kommunikation Sensibilität für bestimmte Themen schafft. Allein, dass es solche Lehrveranstaltungen gebe, sei ein Schritt in die richtige Richtung. Und ja, es gebe definitiv weniger Stigmatisierung und mehr Empathie für Menschen, die psychische Probleme haben, als noch vor einigen Jahren. Scheiber nimmt aber vor allem die Politik in die Pflicht, die ihrer Meinung nach den Zugang zu Therapien und Ärzt:innen erleichtern sollte. Therapie auf Krankenschein, das wäre ein Wunschszenario.

Bevor wir uns verabschieden, möchte ich von Jaqueline noch wissen, was Glück für sie bedeutet. Und wo sie es findet. „Ich denke da natürlich gleich wieder an Sicherheit", lacht sie. Dann überlegt sie. „Glück ist für mich aber auch die Freiheit, Entscheidungen treffen zu können, die mich glücklich machen. Und das zu jedem Zeitpunkt meines Lebens. Ich habe mein Leben selbst in der Hand. Ich wähle meine Einschränkungen und meine Freiheiten selbst. Das ist schon ein großes Privileg."

Das Café Engländer ist in den vergangenen zwei Stunden noch voller geworden. Wir zahlen und spazieren noch ein Stück gemeinsam Richtung Stubentor. Ich nehme den Abgang zur U3, Jaqueline spaziert weiter. Ich habe heute so viel über psychische Gesundheit gesprochen, dass ich im

Lift meines Wohnhauses mein Handy aus der Jackentasche nehme, um meinem Therapeuten eine Nachricht zu schreiben. Mein letzter Termin ist schon zwei Monate her.

Das glaubt niemand von mir:
dass ich manchmal ein Arschloch sein kann

Drei Hashtags über mich:
#staysoft #wiemanlebensoll #analog

Kopf oder Bauch:
Bauch

Das finde ich an mir richtig gut:
meinen Zugang zu Sprache

Das bereue ich:
nichts

Katja
Lewina

„DER VATI, DER NEBENBEI WAS AM LAUFEN HAT, DAS IST JA SCHON FAST GESELLSCHAFTLICHER KONSENS. EINE FRAU, DIE DAS MACHT, BEFÖRDERT SICH SOFORT INS GESELL-SCHAFTLICHE ABSEITS."

Katja Lewina – so ihr Pseudonym – ist freie Journalistin und schreibt für verschiedene Magazine wie *Zeit online* oder *Brigitte.* Außerdem ist sie Autorin zweier Bücher: In „Sie hat Bock" widmet sie sich 2020 der weiblichen Sexualität und ihrer offenen Beziehung, 2021 erscheint „Bock", für das sie mit Männern über Sex gesprochen hat. Sie lebt in der Nähe von Berlin.

DIE NEUAUFLAGE VON „Sex and the City" ist gerade in aller Munde – 23 Jahre nach der Erstausstrahlung 1998 und elf Jahre nach dem letzten „Sex and the City"-Film dürfen Sarah Jessica Parker als Sex-Kolumnistin Carrie, Cynthia Nixon als Juristin Miranda und Kristin Davis als Kunsthändlerin Charlotte wieder ran und aus ihrem (Sex-)Leben als Mittfünfzigerinnen erzählen. Das Quartett ist als Trio zurückgekehrt, Kim Cattrall alias PR-Lady Samantha Jones hat sich in der Neuauflage „And just like that …" nach England vertschüsst; der Grund sind private Differenzen zwischen Parker und Cattrall.

Man kann von der Serie halten, was man möchte (ich selbst war hin- und hergerissen zwischen Fantum und Genervtsein von einer gewissen Oberflächlichkeit und Monotonie), unbestritten ist allerdings, dass „Sex and the City" in den Neunzigern revolutionär war. Keine Serie zuvor hat die Suche nach Sex, Liebe und Beziehungen so offen thematisiert – oder besser gesagt: so explizit.

Ohne Hemmungen wird über die richtige Technik beim Blowjob diskutiert, genauso wie über Analsex – die Protagonist:innen vögeln sich durch New York – oft ohne Emotion und großartig darüber nachzudenken. Und ohne dabei das Gefühl zu haben, eine Schlampe zu sein.

Was das mit Katja Lewina zu tun hat? Nun ja, man könnte sagen, sie ist so etwas wie die deutschsprachige Carrie, vielleicht ist sie sogar eher die sexuell noch ein Stückweit emanzipiertere Samantha – von der konservativen Charlotte in sich hat sie sich jedenfalls freigemacht.

Ich habe Lewinas erstes Buch „Sie hat Bock" verschlungen, es ist 2020 erschienen, und es ist nicht nur sehr persönlich, sondern auch sehr explizit. Lewina beschreibt ihren eigenen Weg der sexuellen Emanzipation und Selbstbestimmung. Ich habe selten ein Buch gelesen, das direkter oder klarer dahergekommen ist und das so einen wichtigen Beitrag zum öffentlichen Diskurs leistet, wie wir in Zukunft mit Sexualität und Beziehungen umgehen könnten. Lewina schreibt über ihre offene Beziehung, darüber, dass Frauen auch gerne einfach mal „ficken", und sie analysiert, wie das Patriarchat unsere Rollenbilder in Sachen Sexualität und Intimität geformt hat.

In diese ganze Sex-Thematik sei sie eher ein bisschen reingerutscht, sagt Lewina und lacht. Wir haben uns zu einem Zoom-Call verabredet, es ist unser dritter Versuch; das erste Mal bin ich krank, das zweite Mal sie, diesmal klappt es. Sie sitzt in ihrer Wohnung in der Nähe von Berlin, ich in Wien, es ist Samstagvormittag.

Lewina stößt damals auf viel Ablehnung, wenn sie von ihrer offenen Beziehung erzählt („Das muss ja pathologisch sein, wenn du das nötig hast"), auch in ihrem Bekanntenkreis – und beschließt daraufhin, damit an die Öffentlichkeit zu gehen und ihre Erfahrungen in einer Kolumne zu verarbeiten. „Ich bin auf so viel Widerstand gestoßen und habe gemerkt, wie groß die Fixierung in unserer Gesellschaft auf sexuelle Treue ist, dass ich einfach zeigen wollte: Hey, es kann funktionieren …"

Katja Lewina wird Anfang der achtziger Jahre in Moskau geboren. Als sie sechs ist, emigriert die Familie in die Nähe von Köln. Lewina kann sich an keine Zeit erinnern, in der sie nicht geschrieben hat, als Kind, als Jugendliche, mit

Anfang 20. „Erst letztens habe ich einen Tagebucheintrag von mir gefunden, in dem ich notiert habe, dass ich unbedingt Autorin werden möchte und nur nicht weiß, wie ich das anstellen soll." Auf diesen Eintrag folgt eine kurze Idee zu einem Romanplot.

Sie, das Migrantenkind, als Schriftstellerin? Damals für sie fern ihrer Realität. „Von irgendeiner Art Kunst zu leben, das kam in meinem Gedankenspektrum gar nicht vor. Da ging es eher immer darum, einen soliden Beruf zu erlernen. Also dachte ich mir: Gut, dann werde ich vielleicht Übersetzerin oder gehe in die Forschung." Es kommt alles anders, und schuld daran ist der Sex.

Als Kind ist Sex jedenfalls kein großes Thema, zumindest nicht innerhalb ihrer Familie. „Es gibt diesen Spruch: ‚Es gibt keinen Sex im Sozialismus', und genauso bin ich aufgewachsen." Gespräche über Sex? Gibt es nicht. Berührungen zwischen den Eltern? Nicht vor den Kindern. „Ich hätte mir als Kind nie gedacht, dass zwischen den beiden Sexualität stattfindet – was es aber hat, denn schließlich haben sie ja noch meinen Bruder bekommen. Aber es war eine Sphäre, aus der sie uns Kinder komplett ausgeschlossen haben."

Sitzt die Familie abends vor dem Fernseher zusammen und schaut einen Film, schaltet der Vater um, wenn sich zwei Menschen küssen und klar ist, dass sie gleich miteinander schlafen werden.

Lewina lernt auch, dass man sich als Frau zwischen den Beinen sicher nicht anfasst. „Die Vulva wurde immer als Ort gesehen, der zwar tabu und schmutzig ist, aber gründlich gewaschen werden muss. Logisch, dass man da erst recht das Interesse daran schürt, wenn man ständig so ein Geheimnis darum macht. Als Kind merkst du ja, dass du ein bestimmtes Lustempfinden hast und es sich toll anfühlt, wenn du dich wo reibst oder bestimmte Bewegungen machst. Trotzdem fühlt sich das falsch an, weil, verdammte Scheiße: Es kommt von da unten, von da, wo alles verboten ist."

In der Schule war die Situation nicht anders, und das ist auch irgendwie wenig verwunderlich, wenn Lewina erzählt, dass es ein katholisches Gymnasium war, auf das sie ihre Eltern schickten. Die katholische Kirche und freie Sexualität – das geht sich doch nicht aus. „Das, was wir gelernt haben, war klar reproduktionsorientiert: Wie funktioniert Fortpflanzung genau? Und wie kannst du schwanger werden? Vom Direktor gab es dann auch noch Kampfesreden gegen Abtreibungen. Und bei den anderen Schüler:innen ist die, die viel rummacht, die Schlampe." Lewina hat es darauf ankommen lassen – „und so ziemlich mit jedem geknutscht".

Ich versuche mich zu erinnern, wie das damals bei mir war. Wir hatten in der Schule Aufklärungsunterricht, Jungs und Mädchen wurden dabei allerdings voneinander getrennt. Aber anstatt uns näherzubringen, wie Sex funktionieren kann, dass er auf Augenhöhe stattfindet, dass Frauen das gleiche Recht auf Lustempfinden wie Männer haben dürfen, uns auch darüber aufzuklären, dass die Klitoris nicht nur irgendein kleiner Punkt ist, sondern ein Lustorgan, oder mit uns darüber zu sprechen, wie Selbstbefriedigung funktioniert, wurde uns damals lediglich gezeigt, wie man ein Kondom richtig anlegt.

Lewina erinnert sich an ihre ersten sexuellen Erfahrungen. Wie sie sich richtig anfassen muss, um Lust zu empfinden, das zeigt ihr erst ein Junge. „Weil ich immer gehört habe: Das tut man nicht, habe ich es eben auch nie getan." Selbstbefriedigung? Ja, schon, indem man sich da unten was reinsteckt, „aber das ist ja auch nicht wahnsinnig lustvoll, wenn du nicht auch erregt bist".

Wir reden darüber, dass es vielen Mädchen so geht wie ihr – sprich dass viele junge Frauen ihre ersten sexuellen Erfahrungen nicht mit sich selbst, sondern mit einem Jungen machen. Jungs werden dahingehend schon von klein auf anders sozialisiert. „Die fassen ihren Pimmel doch ständig an – da sagt niemand: ‚Fass da nicht hin!' Später masturbieren sie und gehen selbstbewusster in partnerschaftliche Sexualität, weil sie sich selbst und ihren Körper einfach auch besser kennen." Sie kenne Frauen, sagt Lewina, die in ihrem Alter sind und erst mit Mitte, Ende zwanzig begonnen haben, sich selbst anzufassen. „Viele meinen, sie haben ohnehin Sex mit dem Partner, ganz nach dem Motto: Selbstbefriedigung brauche ich nicht. Oder benutzen ein Sextoy. Die wissen nicht, wie sie sich mit den Händen stimulieren können."

Das gesellschaftliche Bild von Frauen und Sex, das sich über Jahrhunderte etabliert hat, ist immer schon ein schwieriges Thema. So nimmt es Lewina wahr, und so habe ich es auch lange wahrgenommen. Frauen sind die, die tendenziell lustloser sind, die Kopfschmerzen haben oder ihre Tage. Sie sind auch diejenigen, die nicht einfach nur Sex haben, sondern gleichzeitig eine Beziehung suchen. Sie sind die, die im

Vergleich zu Männern den schwächeren Trieb haben. Frauen befriedigen sich nicht so häufig wie Männer selbst – und sind die, die zum Sex überredet werden müssen. Das Bild vom aktiven Mann und der passiven Frau: Wer kennt es anders? „Er ackert auf ihr rum, sie lässt auf sich rumackern", sagt Lewina. „Es ist immer der Mann, der Flirts, Begegnungen und Sexualität initiiert. Das reicht ja bis zum Heiratsantrag: Am Ende muss immer er fragen. Diese Narrative haben sich etabliert, und man beugt sich ihnen."

Aber was ist, wenn Frauen diese Schritte einfach nur deshalb nicht machen, weil sie ja auch ständig von außen die Bestätigung dafür kriegen, dass es so sein muss? Dass sie diejenigen sind, die nicht so viel Lust empfinden, die die untergeordnete Rolle einnehmen müssen? „Ja, möglicherweise machen Frauen tendenziell sozial erwünschte Dinge", sagt Lewina. Weil sie sich eben so etabliert haben. Und auch beim Sex gehe es, wie so oft, um Macht. „Der sexuelle Raum ist sehr sensibel, und ja, auch darin spiegeln sich Herrschaftsverhältnisse wider. Es ist ein Raum, der für Männer geschaffen ist, und in dem sie dominieren." Würden Frauen diesen Raum für sich beanspruchen, sie würden sofort abgestraft werden. „Frauen werden doch schon seit Jahrtausenden über Sexualität kontrolliert und klein und gefügig gehalten", sagt sie. Lewina erinnert sich an das Gespräch mit einer Freundin, der sie vor einigen Jahren erzählt hat, dass sie es mag, beim Sex die devote Rolle einzunehmen. Die Freundin fragte Lewina damals: „Findest du es nicht interessant, dass es in den meisten Fällen so ist, dass die Frau immer devot sein will und der Mann die dominante Rolle hat?" Lewina entgegnete ihr: „Aber diese Entscheidung treffe ich doch freiwillig." Die Unterhaltung ließ sie jedoch eine Zeit lang nicht mehr los – sie fragte sich: Sind die Vorstellungen, die wir von Sexualität haben, vielleicht doch nur erlernt? „Wenn ein Typ zu uns sagt: ‚Schlag du mich mal‘ oder ‚Ich will deine Füße küssen‘, dann halten wir den doch gleich für einen Lappen. Und wenn mir ein Mann gesagt hat: ‚Los, komm, jetzt bestimmst du die Situation‘, hat mich das lange überfordert. Weil ich die Situation eigentlich noch nie bestimmt habe."

Wären diese Rollenbilder eine völlig freie Entscheidung, müsste die Verteilung der Frauen und Männer, die dominant sein wollen, ziemlich gleichmäßig bei 50:50 liegen, meint Lewina. „Tut es aber nicht."

Aber wir sind doch zumindest frei in der Entscheidung, trotzdem auch einmal den anderen Part einnehmen zu können – und zu entdecken, ob er uns Spaß macht oder nicht. Und Frauen wie Katja Lewina schaffen ein Bewusstsein dafür, dass die etablierte Rollenaufteilung nicht naturgegeben ist.

Dass sie diese Geschlechterstereotypen irgendwann hinterfragt hat, hat Lewina nicht nur dem Gespräch mit ihrer Freundin zu verdanken, sondern auch dem Öffnen ihrer Beziehung. Sie und ihr Mann sind vier Jahre zusammen, als er eine Affäre hat. Bis zu diesem Zeitpunkt führen sie ein typisches Leben mit klassischer Rollenverteilung, sind verheiratet, haben Kinder, er arbeitet und verwirklicht sich, sie ist zu Hause und arbeitet ab und zu als freie Lektorin. „Unser Leben war superbürgerlich", erinnert sich Lewina heute.

„Als er fremdging, habe ich dieses ganze Konstrukt infrage gestellt, das ist uns damals krass um die Ohren geflogen. Ich dachte, dass wir uns trennen müssen. Wir haben uns dann hingesetzt und viel geredet – darüber, was der andere braucht, was wir vielleicht aus den Augen verloren haben." Sie merken, dass Lewina eigentlich in ihrer Rolle sehr unzufrieden ist – vorher habe sie das gar nicht wahrgenommen, sagt sie heute. Das Paar gibt sich Mühe, manches zu verändern. Als Lewina sich in einen gemeinsamen Bekannten verknallt, sagt ihr Mann: „Ich durfte auch, komm, jetzt bist du dran, mach dir eine schöne Zeit."

Lewina erzählt mir, dass der Weg dahin natürlich alles andere als einfach war. „Die Affäre zu verarbeiten, das war die Hölle. Ich muss uns aber ein Kompliment aussprechen, weil ich glaube, dass wir das wirklich gut gemacht haben. Wir haben beide voll aufgemacht und uns sehr intensiv mit uns auseinandergesetzt, alles offen auf den Tisch gelegt."

Lewina glaubt, dass auch nur das der Grund ist, warum sie und ihr Mann noch zusammen sind. Manche Paare kommen nach einer Affäre gar nicht mehr so weit, ganz ehrlich und ohne Tabus gemeinsam hinzuschauen. Entweder sie trennen sich, oder sie hüllen den Mantel des Schweigens darüber. Bei ihr und ihrem Mann habe die Affäre die Beziehung noch einmal intensiviert und sie näher zusammengebracht. Die Krise als Chance. Sie öffnen ihre Beziehung dauerhaft.

Mittlerweile hat Lewina einen fixen Partner, ihr Mann immer wieder Dates oder Affären. Wenn Lewina das erzählt, klingt sie glücklich – und alles klingt irgendwie so einfach und leicht. Aber ist es das wirklich? Was ist mit Eifersucht? Oder der Angst, dass der andere sich so heftig in jemanden verliebt, dass er irgendwann doch geht? „Anfangs war Eifersucht schon ein Thema, ich war da angespannter als mein Mann", erzählt Lewina. „Mich hat vor allem die Frage beschäftigt, was das zwischen uns beiden verändern könnte, wenn man Sexualität und Intimität mit anderen teilt."

Sie erzählt, dass sie ihren Mann auch ein paarmal zurückpfeifen musste, weil sie es nicht ausgehalten habe. Mittlerweile sei von dieser anfänglichen Verzweiflung aber nichts mehr übrig. „Irgendwann prägst du dir ganz tief drin ein, dass ihr immer noch das Paar seid, und dass sich dadurch zwischen euch nichts ändert. Das Wichtigste ist, dass man sich gegenseitig das Gefühl gibt, die oberste Priorität für den anderen zu sein." Und auch, wenn Lewina jetzt einen Partner hat – die Beziehung zu ihrem Mann hat immer Vorrang. Die Grundlage der Partnerschaft sei das Ausschlaggebende. „Wenn die passt, dann sind die anderen ein toller Sidekick und eine gute Ergänzung." Lewina nennt es „The Cream on my Cake" – aber ohne den „Cake" funktioniert es halt auch nicht. „Eine rasende Verliebtheit, die ich in dieser Zeit zwei-, dreimal erlebt habe, die geht irgendwann vorbei. Aber das, was ich mit meinem Mann habe, unsere Geschichte, unsere Freundschaft, unsere Basis – wir haben so viel zusammen erlebt –, diese gemeinsame Geschichte und Verbundenheit, das schweißt aneinander. Niemals würde mich jemand so gut kennen wie er oder andersrum. Ich will ihn auch nicht verlassen, er ist der beste Mann, den es für mich auf dieser Welt gibt."

Eifersucht spiele eher bei ihrem aktuellen Freund eine Rolle, sagt Lewina. Weil sie ihm nicht auf Dauer das bieten könne, was ihm vielleicht andere Frauen bieten. „Da bin ich dann die Frau für schöne Stunden. Aber mehr, eine Beziehung oder Kinder oder eine Form von Alltag, die man irgendwann teilt, eine Zukunft kreieren zu können, das funktioniert mit mir nicht. Und da ist die Angst groß, dass er weggeht. Aber da müsste ich dann auch einfach durch."

Ich glaube, ich habe noch nie mit einer Interviewpartnerin so offen über Sex und ihr Privatleben gesprochen – das ist ziemlich erfrischend. Also traue ich mich auch Dinge zu fragen, die ich unter anderen Umständen eher nicht fragen würde. Als Nächstes möchte ich wissen, wie die offene Beziehung das Sexleben von Katja Lewina und ihrem Mann verändert hat. Sie nimmt einen Schluck von ihrem Tee und muss dann laut lachen: „Wie heißt es so schön? Konkurrenz belebt das Geschäft." Besonders nachdem die Affäre aufgeflogen sei, hätten die beiden so viel Sex gehabt wie nie zuvor – die psychologische Erklärung dafür schickt sie gleich hinterher: „Sex ist ja auch ein Bindemittel, es schweißt so krass zusammen, wenn man miteinander schläft. Und es ist eine Rückversicherung, dass der andere noch da ist und nicht weggeht." Nach einiger Zeit pendelt sich das wieder ein – heute profitieren sie davon, dass sie „Input von außen einholen", wie es Lewina nennt. „Ich habe mit anderen Männern nochmal neue Facetten meiner Sexualität entdeckt, die ich auch einbringen kann, wenn ich mit meinem Mann schlafe. Und in manchen Bereichen sind wir einfach unterschiedlich, was den Sex betrifft – da gibt es Dinge, auf die ich keinen Bock habe, die er aber ausleben kann, wenn er sich mit anderen trifft. Es gibt ja für jeden Topf einen Deckel, und es ist doch toll, wenn er das mit jemand anderem machen kann. Sowas führt ja auch manchmal zu Stress, wenn der eine etwas will, was der andere nicht so gut findet, dann fühlt sich einer vielleicht zu etwas gezwungen – und so kann man das einfach auslagern."

Erzählt Katja Lewina von ihrer offenen Beziehung, wird ihr die Rollenverteilung unserer Gesellschaft meistens direkt vor Augen geführt. Sie als Frau wird einerseits vor allem dafür abgestraft, dass sie mit mehr als nur einem Mann schlafen möchte. Andererseits wird sie als Freiwild betrachtet, das wahllos Zuschriften von Männern bekommt, weil die glauben, sie wäre einfach verfügbar, für schnellen Sex und eine schöne Zeit. „Für Männer war es immer schon selbstverständlich, dass sie Konkubinen und Geliebte hatten. Der Vati, der nebenbei was am Laufen hat, das ist ja schon fast gesellschaftlicher Konsens. Eine Frau, die das macht und die gleichen Rechte hinsichtlich ihrer Sexualität einfordert, befördert sich sofort ins gesellschaftliche Abseits. Die Häme, die ich teilweise dafür bekomme, ist schon unglaublich."

Während ihr Wahllosigkeit unterstellt wird, sieht sich ihr Mann mit einem anderen Phänomen konfrontiert: „Wenn er eine Frau kennenlernt, einen tollen Flirt mit ihr hat und dann die offene Beziehung auspackt, ist die Frau in neun von zehn Fällen weg. Gibt er nur zu, dass er verheiratet ist und eine Affäre anfangen würde, funktioniert's." Was Lewina daraus ableitet? Das erlernte Stereotyp der Frau, die insgeheim immer nach einer Bindung suchen muss – aber nie nur nach einem Sexabenteuer. „Als Affäre hast du ja zumindest noch die Chance darauf, dass der Mann irgendwann doch seine Frau verlässt. Wenn du dir aber etwas mit einem Typen anfängst, der eine offene Beziehung führt, ist klar: Der wird seine Partnerin nicht wegen dir verlassen."

Ich muss wieder an „Sex and the City" denken und daran, wie emanzipiert die Frauen zwar in ihrer Sexualität waren, dass es am Ende aber darum ging, den richtigen Partner fürs Leben zu finden. Außer vielleicht bei Samantha, der guter Sex gereicht hat. Aber ja, so wurde man als Frau sozialisiert, schon von klein auf. Das fängt mit Disneys „Aschenputtel" an und hört bei irgendwelchen Hollywood-Romanzen noch lange nicht auf. Nur um Sex geht es bei Frauen dann doch in den seltensten Fällen.

Wann hatte Katja Lewina eigentlich zum ersten Mal richtig guten Sex? „Ziemlich schnell", sagt sie ganz direkt. „Mein erster richtiger Freund war ein bisschen älter als ich und hatte dementsprechend Erfahrung. Aber ich muss auch sagen, dass der Sex immer besser wird, je älter ich werde. Weil ich immer mehr das Gefühl habe, mich selbst noch ein Stück besser kennenzulernen und mich dementsprechend fallen zu lassen." Tatsache sei für sie allerdings, dass sie guten Sex vor allem in Beziehungen erlebe. Ohne emotionale Verbindung geht es nicht.

Zum Abschluss erzählt Lewina noch von ihrer ältesten Tochter, die im Teenie-Alter ist. Da, wo viele Eltern besorgt sind und nicht wissen, wie sie damit umgehen sollen, wenn Kinder ihre eigene Sexualität entdecken, habe sie selbst immer versucht, Sex und ihren Körper als etwas Normales wahrzunehmen und das auch so weiterzugeben. „Da gibt es auch bei Kindern nichts, was sanktioniert werden muss, aber auch nicht die große Aufklärungsstunde, weil wir da kein großes Geheimnis daraus machen. Meine Kinder wissen auch von klein auf, dass Frauen menstruieren, wie das Blut aussieht, das da rauskommt, und kennen meine Menstruationstasse."

Bevor wir auflegen, will ich von Lewina noch eines wissen: Was bedeutet Liebe für sie? Sie überlegt ein bisschen und antwortet dann: „Liebe bedeutet füreinander einstehen, füreinander sorgen und eine tiefe Verbundenheit. Liebe hat für mich auch einen großen Aspekt der Kontinuität, das ist etwas, was nicht so schnell aufhört. Es bedeutet für mich: Ich will für dich da sein."

Das finde ich an mir richtig gut:
wie ich durchziehen kann, wenn ich etwas will

Das weniger:
dass ich dabei oft über meine Grenzen gehe

Das würde ich meinem 16-Jährigen Ich heute raten:
„Die anderen" sind nicht der Maßstab

Wäre ich Bundeskanzlerin, würde ich:
(als Erstes) Abtreibungen entkriminalisieren

Dieses Buch hat mich geprägt:
die Gedichte von Else Lasker-Schüler

Melisa Erkurt

„UND DANN FRAGEN SIE MICH: WAS, DU BIST MUSLIMA? DU SIEHST DOCH GAR NICHT SO AUS! UND ICH DENKE MIR: WIE MUSS EINE MUSLIMA DENN BITTE AUSSEHEN?"

1991 kam *Melisa Erkurt* als Flüchtlingskind aus Bosnien nach Wien. Sie studierte Deutsch auf Lehramt, unterrichtete ein Jahr lang an einer Wiener Schule, arbeitete beim ORF und schreibt Kolumnen, u.a. für die Wiener Wochenzeitung *Falter*. 2020 veröffentlichte sie ihr Buch „Generation haram – Warum Schule lernen muss, allen eine Stimme zu geben", ein Jahr später gründete sie das Instagram-Nachrichtenportal *Die Chefredaktion*.

ICH SITZE IM Café Engländer in der Wiener Innenstadt, warte auf Melisa Erkurt und blättere ein altes Freundschaftsbuch aus meiner Volksschulzeit durch. Es ein Stammbuch, das man als Kind pflichtbewusst an jede:n Klassenkamerad:in weitergegeben hat, auch an die, die man eigentlich doof fand – und das bei feuchtfröhlichen Klassentreffen zwanzig Jahre später den semi-unangenehmen „Und, was machst du jetzt so"-Smalltalk auflockert. Ich stoße unter anderen auf die Einträge von fünf Kindern, die sich in krakeliger, bunter Schrift, damals sieben, acht Jahre alt, auf den bunten Seiten verewigt haben. Nennen wir sie Darija, Ivan, Irina, Andrea und Ali. Sie alle wurden in Serbien, Kroatien oder Bosnien geboren, ihre Steckbriefe finden sich zwischen denen von Camilla, Daniela, Alexander, Michael, Sabrina und Barbara. Ihre Hobbys? Fußballspielen, Tanzen, Lesen, Zeichnen. Ihre Berufswünsche? Sängerin, Fußballer, Sekretärin, Tänzerin und Arzt.

Was die fünf Volksschulkolleg:innen gemeinsam haben? Ihre Eltern sind aus dem Jugoslawienkrieg mit ihnen nach Wien geflüchtet.

Genauso wie Melisa Erkurt. 1992 kam sie mit ihrer Mutter, ihrer Tante und den beiden Cousins aus Bosnien nach Wien, es war die größte Flüchtlingswelle, die Österreich damals erreichte. Historiker:innen sprechen von rund 90.000 Menschen, die Bosnien damals verlassen haben.

„Dass ich heute da bin, wo ich bin", sagt Melisa Erkurt, „ist reiner Zufall." Im Café sitzt sie rechts neben mir und sieht mich mit ihren großen Augen direkt an. „Das hat nichts damit zu tun, dass ich talentierter oder intelligenter war als andere Migrant:innenkids – ich hatte einfach Glück." Zufällig hat sie eine Lehrerin, die sie nach der Volksschule „nicht an die Hauptschule oder Sonderschule" schickt, wie sie heute sagt. Zufällig geht sie mit vielen Akademikerkindern in die Klasse – und zufällig hat sie nur eine Schwester – und kann zu Hause in Ruhe lernen. Ihr Werdegang, sagt sie, hätte auch ganz anders aussehen können. Weil unser Bildungssystem Kinder mit Migrationshintergrund aus unteren sozialen Schichten strukturell diskriminiert. „Sie schaffen es seltener an höhere Schulen, Gymnasien sind für diese Kids zum Beispiel einfach oft nicht vorgesehen. Und Studien zeigen genau, dass sie anders benotet werden als Kinder, die keinen Migrationshintergrund haben." Das Problem werde dann gerne bei den Eltern gesucht, die in die Verantwortung genommen würden, aber keine Möglichkeit hätten, Geld in Nachhilfe zu investieren oder einfach da zu sein – weil sie eben arbeiten müssten. Ihre Lösung? Den Eltern diese Verantwortung abzunehmen und Strukturen in unserem System zu etablieren, wie Ganztagsschulen und mehr Personal, die Kindern gleiche Bildungschancen geben – unabhängig von ihrer Herkunft.

Manche Kinder würden es schaffen, manche resignieren, sagt sie. „Aber jedes Migrant:innenkind kennt diese Worte: Du musst zweimal mehr leisten, um dasselbe zu erreichen, es ist einfach so. Verhalte dich dabei bitte ruhig, sei still und fall nicht auf."

Die Abwesenheit der Eltern, weil sie arbeiten und Geld verdienen müssen, dieses Auf-sich-alleine-gestellt-Sein, das kennt auch Melisa Erkurt. Der Vater, der erst Jahre später aus dem Krieg nachkommt, sucht sich sofort einen Job und arbeitet hart. Die Mutter putzt zunächst, obwohl sie eigentlich einen anderen Beruf erlernt hat. Bügelt bei Privatpersonen, schrubbt in Wirtshäusern – oft bis nach Mitternacht. Erkurt erinnert sich an viele Abende, an denen sie alleine ist. Geht sie dann schlafen, nimmt sie den Pyjama ihrer Mutter mit ins Bett – damit sie den „Mama-Geruch" beim Einschlafen bei sich hat.

Der Krieg und die Flucht hinterlassen Spuren. Als kleines Kind bleibt Melisa stumm. Im Kindergarten spricht sie nicht, spielt alleine vor sich hin. „Wohl eine posttraumatische Belastungsstörung", sagt sie heute. Dank empathischer Pädagog:innen und Lehrer:innen ändert sich das in der Volksschule.

Mich interessiert, welche Erkurts stärkste Kindheitserinnerung ist. Sie muss nicht lange überlegen: „Als mein Vater bei uns in der Türe stand und ich mir dachte, wer dieser fremde Mann ist. Ich hatte ihn ja jahrelang nicht gesehen …"

Und dann gab es da noch diese Pinnwand. Die Pinnwand, die im Vorzimmer hing und ein bisschen was Bedrohliches hatte – dort hefteten die Eltern die Rechnungen an, die zu bezahlen waren. Zu Schulausflügen kam sie manchmal nicht mit, weil sie ihren Eltern erst gar nichts davon erzählte. Weil das wieder eine Rechnung mehr bedeutet hätte. „Meine Eltern haben mich nie direkt spüren lassen, dass das Geld knapp war, aber man bekommt das als Kind schon mit." Sie lernt, aus wenig viel zu machen. Günstige Kleidung stylt sie mit ihrer Mama so, dass es schick aussieht. Wie geht sie heute damit um, dass für sie selbst keine Anschaffung schwierig ist? Das sieht sie als Privileg, das sie zu schätzen weiß.

Wer heute mit Melisa Erkurt redet, sieht eine selbstbewusste Frau. Ich frage mich, ob das immer schon so war. Mich interessiert, mit welchem Frauenbild sie groß geworden ist – Länder wie Bosnien, Kroatien oder Serbien sind nicht gerade für Progressivität bekannt. „Die Frau bedient den Mann – das war auch ein bisschen bei uns so. Aber meine Mutter wollte nie, dass ich das mache. Immer, wenn sie gekocht hat, hat sie mich zum Lernen geschickt. Was schade ist, weil ich heute überhaupt nicht kochen kann."

Wie wichtig es ist, dass Frauen zusammenhalten, lernt Melisa Erkurt jedenfalls früh. Weil ihre Mama gemeinsam mit ihrer Tante und deren beiden Söhnen flüchtet – sie bauen sich ihr Leben hier selbst auf. „Ohne dabei hart zu werden." Ich verstehe nicht ganz, wie sie das meint, hake nach. „Meine Mama und meine Tante sind sehr empathische Frauen geblieben – und das nach all dem, was sie erlebt haben. Das wird Frauen ja oft schlecht angerechnet, es wirkt immer, als müsse man mehr typisch männliche Eigenschaft internalisieren, wenn man vorankommen möchte."

Wie traumatisch es sein muss, einen Krieg mitzuerleben, sein Zuhause hinter sich zu lassen, ohne Sprachkenntnisse in ein völlig fremdes Land fliehen zu müssen – ich kann mir das natürlich nicht vorstellen. Viel gesprochen wurde bei Melisa Erkurt zu Hause jedenfalls nicht darüber. In der Schule erfährt sie Rassismus – lange kann sie ihn aber nicht als das benennen, was er ist, auch darüber wird in den eigenen vier Wänden nicht viel gesprochen. Wird sie in der Klasse wegen ihrer Religion oder ihres Migrationshintergrunds beleidigt, sucht sie den Fehler bei sich. Sagt man ihr, nach Attentaten wie 9/11, „Ich wünschte, Hitler wäre noch am Leben. Scheiß Muslime", und bedroht sie, erzählt sie das zu Hause nicht, damit sich die Eltern keine Sorgen machen. „Es gab dafür keinen Raum. Wir saßen ja sonntags nicht beim Mittagessen an einem Tisch zusammen und haben uns erzählt, wie unsere Woche war", erzählt sie.

„Wieso hast du mir das nicht gesagt?", fragt ihre Mutter sie irgendwann doch noch, als sie zum ersten Mal über dieses Thema sprechen. Ihr sei das auch passiert. Bei der Arbeit, auf der Straße, in der Nachbarschaft. Das Buch, das Melisa Erkurt 2020 veröffentlicht hat, hat sie auch gezwungen, in ihrer eigenen Familie genauer hinzusehen – und nachzufragen. Und dieses Nachhaken hat die Dynamik in ihrer Familie verändert. Ihre Mutter zeigt ihr während der Recherche ein paar der Briefe, die ihr der Vater aus dem Krieg über das Rote Kreuz zukommen hat lassen; sie sprechen über Diskriminierung, seither auch regelmäßig. „Meine Mama sagt zwar immer noch nichts, wenn ein Kunde ihren Akzent kommentiert, aber sie redet jetzt zumindest mit mir darüber."

Wo andere Eltern stolz wären, dass ihre Tochter ein Buch veröffentlicht, das im ganzen deutschsprachigen Raum für Aufsehen sorgt, Thema in sämtlichen Zeitungen ist und das eigene Kind zur gefragten Interviewpartnerin macht, da sehen Erkurts Eltern den Erfolg mit gemischten Gefühlen. Die Angst vor Hass und Anfeindungen ist immer noch groß. Denn: Wie kann sich eine Frau, die Migrationshintergrund hat, trauen, das österreichische Bildungssystem zu kritisieren? „Da kommen bei ihnen Urängste hoch, zum Beispiel dass man uns die Staatsbürgerschaft wieder aberkennen könnte, weil ich mich über Österreich beschwere. Wenn man miterlebt hat, wie der eigene Nachbar von einem Tag auf den anderen zum Feind werden kann und von heute auf morgen bereit wäre, dich zu vergewaltigen oder zu erschießen, dann sieht man solche Dinge anders. Da kann ich auch nicht einfach zu ihnen sagen: ‚Geh bitte, ihr übertreibt.'"

Hassnachrichten habe sie, anders, als ich es erwartet hätte, jedenfalls nicht viele bekommen – besonders häufig werde sie aber auf ihre Religion angesprochen. „Und dann fragen sie mich: Was, du bist Muslima? Du siehst doch gar nicht so aus! Und ich denke mir: Wie muss eine Muslima denn bitte aussehen? Was für ein Bild haben die Leute im Kopf? Es gibt ja nicht ‚den Islam'. Und in Bosnien wird der ja oft auch anders gelebt." Dass Erkurt mit ihrer Biografie heute so selbstbewusst auftritt, passt für viele nicht zusammen. „Was die Leute aber immer vergessen: Man verliert ja seine Sozialisation nicht, nur weil man irgendwann in der Wiener Bobo-Bubble ankommt."

Ich habe viele Medienberichte gelesen, in der Melisa Erkurt als Sprachrohr einer „verlorenen Generation" und der „Verlierer des Schulsystems" stilisiert wird. In welcher Verantwortung sieht sie sich selbst? Ihre Ansicht dazu ist sehr klar. „Ich sehe mich als Journalistin in einer gewissen Verantwortung, über Missstände zu berichten und die Gesellschaft abzubilden, wie sie ist. Aber ich bin nicht die Pressesprecherin der Migrant:innen in Österreich."

Erkurt will Räume schaffen, in denen sich auch andere wohlfühlen und sich trauen, ihre Geschichte zu erzählen. Räume, die auch sie braucht, um ihre eigene Geschichte erzählen zu können. „Ich fürchte, für Menschen, die nicht betroffen sind, ist es oft nicht nachvollziehbar, was es für Migrant:innen bedeutet, wenn sie sich plötzlich in Romanen und Sachbüchern sehen, oder wenn wir an Tischen sitzen, an denen unsere Eltern nicht gesessen sind." Sie erzählt davon, dass sie am Tag ihrer Diplomprüfung niemandem Bescheid gegeben hatte, weil sie dachte, sie schaffe sie ohnehin nicht. Und dass sie immer noch Mails ganz oft hintereinander lese, bevor sie sie abschicke – nur um zu prüfen, ob sich eh kein Rechtschreib- oder Grammatikfehler eingeschlichen hat. Und davon, dass sie sich, als sie unterrichtet hat, mehr ihren Schüler:innen zugehörig gefühlt hat als den Lehrer:innen. „Als Arbeiter:innenkind mit Migrationshintergrund hat das viel mit Klasse zu tun. Wir müssen uns immer wieder sagen, dass wir hier richtig sind und auch hier hingehören. Aber wie man sieht, bin ich da selbst auch noch nicht ganz reingewachsen."

Wir sprechen von Träumen und Zukunftsvorstellungen – und sie erzählt mir, dass sie sich auch heute noch schwer damit tut, weil die immer schon limitiert waren. Wenn es an allem mangelt, mangelt es auch an Vorstellungskraft? „Ja, klar. Träumen war begrenzt. Ich denke also, ich bin mehr geworden, als ich mir das je vorstellen konnte."

Nachdem wir uns verabschiedet haben, blättere ich nochmal das Freundschaftsbuch aus meiner Volksschulzeit durch. Die Fotos von Darija, Ali, Irina und Ivan lachen mir entgegen – Andrea hat keines eingeklebt. Sie sehen glücklich aus und unbeschwert. Die Geschichten dahinter kenne ich nicht. Irgendwie wünsche ich mir, ich könnte heute mit ihnen darüber sprechen.

Dieser Schritt hat mich Mut gekostet:
den sicheren Job zu verlassen

Wäre ich Bundeskanzlerin, würde ich
viele Drohungen und Hassnachrichten aufgrund
meiner Herkunft erhalten

**Diese Eigenschaft hatte ich vor
zehn Jahren noch nicht:**
Selbstbewusstsein

Das regt mich auf:
Begriffe wie „Identitätspolitik" oder „Political
Correctness", die Mitsprache delegitimieren

Dieses Buch hat mich geprägt:
„weiter leben" von Ruth Klüger

Verena Altenberger

„FRAU ZU SEIN, HAT MICH RADIKALISIERT. ICH MUSSTE MIR DEN MUT UND MEINE STIMME ERARBEITEN – UND AUCH EINEN GEWISSEN STATUS. ICH KANN ES MIR ER-LAUBEN, DEN MUND AUFZUMACHEN – AN-DERE KOLLEG:INNEN VIELLEICHT NICHT."

Verena Altenberger ist eine der beliebtesten und ge-fragtesten österreichischen Schauspieler:innen. Die Rolle der polnischen Altenpflegerin Magda in der RTL-Serie „Magda macht das schon!" und der „Polizeiruf 110 München" in der ARD machten sie auch in Deutschland berühmt. 2021 stand sie als Buhlschaft am Salzburger Domplatz auf der Bühne, seit Herbst 2021 ist sie, gemein-sam mit Regisseur Arash T. Riahi, Präsidentin der Akademie des österreichischen Films.

MY FAVOURITE SEASON is the fall of the patriarchy – Meine liebste Jahreszeit ist der Fall des Patriarchats – wer Verena Altenberger nicht kennt, dem reicht wohl ein kurzer Blick auf ihre Twitter-Biografie, um zu wissen, was Sache ist. Altenberger positioniert sich klar und deutlich. Während ich an diesem November-Montag in der Servitengasse im neunten Wiener Gemeindebezirk auf die Schauspielerin warte – übrigens die einzige Straße in Wien, die sich genauso gut in Paris befinden könnte –, scrolle ich durch Altenbergers Twitter-Feed; ein politisches Posting folgt aufs nächste, eine feministische Diskussion auf die andere. 14.000 Menschen folgen ihr auf dem Kurznachrichtendienst, auf Instagram sind es 45.000, man kann getrost sagen, dass Altenberger mittlerweile eine der lautesten politischen und feministischen Stimmen der Kulturbranche – oder besser: des Landes – ist.

Und dann ist meine Interviewpartnerin auch schon da. „Hallo! Du erwischst mich gerade voll entspannt", sagt Verena Altenberger, wir spazieren einige Schritte weiter und setzen uns ins nächste offene Café. „Ich drehe in einer Woche ab, und weil sich der Dreh einige Tage nach hinten geschoben hat, bin ich jetzt eine Woche am Stück in Wien. Das passiert eher selten", erzählt sie. Altenberger geht ins Lokal und bestellt uns Pain au chocolat, einen Brownie, Kaffee und Tee, sie zahlt, wir nehmen draußen Platz.

Altenbergers Haare sind in diesem Spätherbst 2021 immer noch raspelkurz. Modezeitschriften würden ihren Look „Buzzcut" nennen – die Oscar-Preisträgerin Natalie Portman hat einen getragen, genauso wie das Model Cara Delevingne und die Schauspielerin Kristen Stewart; das ist also nichts Neues, das kennt man, trotzdem ist es gefühlt ein National-ereignis, als sich Altenberger im Mai 2021 von ihrer langen, braunen Mähne trennt und sich für ihre Rolle in „Unter der Haut der Stadt" den Kopf kahlschert. Immerhin spielt die Salzburgerin in dem Film eine krebskranke Frau. Damals ist bereits bekannt, dass sie wenige Wochen später am Salz-burger Domplatz die Buhlschaft neben ihrem Kollegen Lars Eidinger geben wird, über Altenbergers Frisur wird jedenfalls in sämtlichen deutschsprachigen Medien disku-tiert. Ja, darf es denn das geben? Eine Buhlschaft mit Glatze? Ja, darf es. Muss es. Dass man diese Frage in der heutigen Zeit überhaupt noch stellt, ist eigentlich schlimm genug.

„Ich habe selbst nicht damit gerechnet, dass das so ein Thema wird", sagt die Schauspielerin und beißt in ihren Brownie. „Spannend war ja nicht nur, wie die Medien das aufgeblasen haben, sondern wie Männer auf der Straße auf mich reagiert haben. Meistens wurde mir gesagt: ‚Steht dir total, du hast die perfekte Kopfform dafür' – man hat mich als Frau also wieder nur auf die Optik reduziert, einem Mann mit Glatze würde man das umgekehrt nie sagen", er-zählt sie. Angeflirtet worden sei sie jedenfalls gar nicht mehr, eher das Gegenteil war der Fall: „Manche sind mir gegenüber verbal aggressiv geworden. Ich glaube, dass die-se Verweigerung, dieses Gefühl von ‚Diese Frau will anders aussehen, als wir glauben, wie sie aussehen muss' eine Un-sicherheit bei vielen Männern ausgelöst hat." Den Begriff „Kampflesbe" hört sie im vergangenen Sommer jedenfalls nicht nur einmal.

Die Haare wachsen wieder, und 2022 kann man den Spielfilm, für den sie sich die Haare abrasiert hat, und um den es eigentlich geht, jedenfalls im Kino sehen. Ich möchte von Verena Altenberger wissen, wie es für sie war, in die Rolle einer krebskranken Frau zu schlüpfen. Ihr ist diese Krankheit, das muss man wissen, nämlich nicht fremd. Ihre Mutter ist im Dezember 2015 nach fünfjährigem Kampf an Brustkrebs verstorben. Wie steht sie zu der Debatte, dass man selbst nur das spielen sollte und darf, was man auch wirklich ist und kennt? Hat es vielleicht sogar einen „Vorteil", frage ich sie, wenn man etwas selbst durchgemacht hat?

„Ich arbeite grundsätzlich gerne an Themen, bei denen ich weiß, dass ich mich gut einbringen kann, weil sie mir nicht fremd sind", sagt sie. Im Falle dieser Rolle sei es aber wirklich „grenzwertig und eigentlich scheiße" gewesen. „Ich war viel zu tief in diesem Thema drinnen, so tief, dass ich den Schritt zurück nur sehr schwer machen konnte, um auch die künstlerische Ebene zu sehen. Das kann schon interessant sein, aber ich habe dort ja nicht meine Geschichte erzählt, sondern die der Caro, meiner Rolle. Das ist manchmal sehr verschwommen, ich war da einfach fast zu nah dran."

Altenberger sagt, dass diese Rolle bei ihr eher zu einer Art Retraumatisierung geführt habe. Als therapeutisches Mittel zur Aufarbeitung eines Traumas sollte man so eine Filmrolle also nicht sehen. „Das ist unser Beruf ja auch gar nicht und wäre den Kolleg:innen gegenüber auch ziemlich unfair." Therapie findet Altenberger aber grundsätzlich wichtig, und zwar nicht nur, um traumatische Erlebnisse zu verarbeiten. Sie hat bereits vor dem Tod ihrer Mutter damit angefangen. Ich frage sie, ob sie dieses Stigma auch kenne, dass Therapie nur etwas für Menschen sei, mit denen etwas nicht stimme. So habe ich es jedenfalls gelernt. Klar, sagt sie. „Ich hatte auch lange Angst, dass mir eine Therapie meinen Ehrgeiz nimmt. Weil ich zu Hause oft gehört habe: ‚Was willst denn zu einer Therapie gehen – dann gehst danach nur mehr Blumenpflücken.‘ Also: Wenn man etwas für die psychische Gesundheit tut, kann man danach nur mehr den Weltfrieden wollen. Ich habe lange gedacht, dass ich nicht mehr künstlerisch arbeiten kann, wenn ich mental gesund werde." Heute kann sie darüber lachen.

Dann taucht Altenberger in Erinnerungen an ihre Mutter, an ihre Wurzeln, an ihre Kindheit ein. Ihre Familie kommt aus dem salzburgerischen Dorfgastein, dem ersten Ort im Gasteinertal, und „Dorf" kann man hier ruhig wörtlich nehmen. Während Bad Hofgastein, Bad Gastein und Sportgastein schon eine Spur mondäner sind, ist das Leben in Dorfgastein, sagen wir, eher einfach. Altenbergers Mutter studiert in Wien Agrarwissenschaft an der Universität für Bodenkultur, sie ist gerade mal 21, als Verena zur Welt kommt. Zu Hause bleiben für das Kind? Das kommt für sie nicht infrage. Altenbergers Mutter gründet mit Freundinnen an der BOKU die Kinderkrippe, damit sie und ihre Kommilitoninnen studieren können, die gibt es übrigens heute noch. „Eine Egoistin, aber im positiven Sinn. Ich finde das toll", sagt Altenberger. Mit fünf Jahren zieht sie mit ihrer Mutter nach Salzburg – und teilt sich mit ihr ein Zimmer in einer WG, weil kaum Geld da ist. Altenberger ist als Kind viel bei ihrer Oma, ihr Vater lebt in einem anderen

Bundesland. Später kommt die eigene Wohnung, dann das eigene Haus – irgendwann wird ihre Mutter Direktorin einer landwirtschaftlichen Fachschule und bewirtschaftet einen Bauernhof. „Für uns war das ein sozialer Aufstieg."

Die Frauen in Verena Altenbergers Umfeld sind durchwegs stark und selbstbestimmt. Eine ledige Oma väterlicherseits, Alleinerzieherin. Deren Kind, Altenbergers Papa, nennen die Einwohner:innen mitunter nicht bei seinem Namen, sondern schlichtweg „die Todsünd". Die Oma mütterlicherseits hat vier Kinder und ist trotzdem berufstätig. Sie verdient ihr Geld als Hebamme, lebt damals noch ohne Strom, ohne Telefon. „Erst hat man gefragt: Wozu braucht die jetzt noch einen Beruf? Und dann war das auch noch etwas Medizinisches, damit war sie gleich suspekt. Sie wurde dann auch für anderes eingesetzt, hat nicht nur Kinder zur Welt gebracht, sondern auch Menschen beim Sterben begleitet." Die Großmutter mütterlicherseits geht tauchen, macht das Bierbrauerdiplom, ist einerseits selbstbestimmt, sagt aber zum Thema Scheidung „Sowas macht man nicht".

Die Mutter verwirklicht sich später den Traum vom eigenen Bauernhof. „Sie hat sich ihr Leben lang gegen Männer durchsetzen müssen und immer gegen irgendwelche Männerbünde angekämpft. Natürlich hätte sie einfach einen Bauern heiraten können, aber das wollte sie halt nicht."

Diesen Biss, diesen Ehrgeiz, das Durchhaltevermögen, das habe sie von ihrer Mutter, sagt Altenberger. Und die Gewissheit, dass man vieles schaffen kann, wenn man möchte.

So wie in jeder Elternschaft gibt es aber auch Dinge, in denen die Eltern kein ganz so gutes Role Model sind. Bei

Verena Altenbergers Mutter betrifft es das eigene Körperbild, das sie auch an ihre Tochter weitergibt. „Bei diesem Thema war meine Mama total blind. Ich kann mich an keine Zeit erinnern, in der sie nicht auf Diät war." Einerseits die selbstbewusste Frau, die eine Männerdomäne aufmischt, andererseits dieses Hadern mit sich selbst und dem eigenen Aussehen. Irgendwann stellt auch die Tochter ihren Körper infrage. „Ich weiß noch, dass ich schon früh in meiner Kindheit dagesessen bin, meine Oberschenkel abgelegt habe und mir dachte: Maximal darf da nur so und so viel Speck dran sein. Und dann kommt dazu noch das Körperbild, das einem von außen vermittelt wird."

Wenn Verena Altenberger davon erzählt, wie alleine sie sich gefühlt hat, wie orientierungslos in einer Gesellschaft, die ein bestimmtes Körperbild als Ideal stilisiert – 90-60-90 –, kann ich das gut nachvollziehen. Ich erinnere mich selbst, welchen Druck ich als junges Mädchen hatte, schlank zu sein. Man hat ja auch nirgendwo Körper gesehen, die nicht diesen Proportionen entsprachen, nicht im Fernsehen, nicht in Magazinen, nicht in der Werbung. Ich hatte auch niemanden, der mich an der Hand genommen hat, habe irgendwann begonnen, Leistungssport zu machen und immer weniger zu essen, um abzunehmen. Irgendwann hatte ich eine Essstörung. Mein Körper und ich: jahrelang ein ziemlich hässlicher Kriegsschauplatz.

Ich habe erst spät begonnen, dieses gesellschaftliche Bild zu hinterfragen, Verena Altenberger geht es genauso, sagt sie und nimmt einen Schluck von ihrem Kaffee. „Ausschlaggebend war unter anderem die Krankheit meiner

Mutter. Für sie war es total schlimm, ihre Haare zu verlieren und sich ihre Brust amputieren lassen zu müssen. Sie hat sich komplett entfraulicht gefühlt. Das klingt jetzt vielleicht absurd, aber für mich hat sie zu diesem Zeitpunkt so schön ausgesehen wie nie zuvor. Wie eine Fee." Altenberger versucht, das auch ihrer Mutter zu vermitteln, stößt beim Versuch, Selbst- und Fremdwahrnehmung in Einklang zu bringen, aber an Grenzen.

„Da ist mir zum ersten Mal aktiv klar geworden, wie schwierig es ist, einem Menschen zu zeigen, dass er schön ist, wenn er das selbst nicht denkt. Das loszulassen ist so eine Herkulesaufgabe, wenn das deine Wahrheit ist."

Ich erinnere mich an ein Posting von Altenberger aus dem Jahr 2020: „Meine Mama ist vor ein paar Jahren an Brustkrebs gestorben. In den Jahren der Erkrankung vor ihrem Tod hatten wir viele tolle, sehr wichtige Gespräche. Ich habe sie gefragt, was sie bereut oder gerne anders gemacht hätte in ihrem Leben. Sie hat geantwortet, sie hätte gerne verstanden, wie schön sie eigentlich ist. Stattdessen ist sie unzufrieden mit dem eigenen Aussehen durchs Leben gegangen. 8 Kilo weniger, dann wäre endlich alles perfekt. Mir hat sie gewünscht, dass ich verstehe, dass ich schön bin, dass ich mich und meinen Körper genießen kann und nicht so viele negative Gedanken und Energie auf ein vermeintlich perfekteres Aussehen verschwende. Ich scheitere jeden Tag daran." Das Foto zum Posting zeigt Altenberger mit eingezogenem Bauch, gleich daneben stellt sie ein „normales" Bild, bei dem der Bauch ein bisschen über die kurze Hose hängt. Body Positivity, wie sie sein soll, wichtig für all die jungen Mädchen, die ihr heute folgen und sie als Role Model ansehen.

Ich nehme einen großen Bissen von meinem Pain au chocolat, es ist ja gerade das passende Thema dafür. Früher hätte ich wahrscheinlich darüber nachgedacht, wie viele Kalorien das Ding hat, das ich da esse, oder es erst gar nicht bestellt. Ich will mit Verena über ihren Job und Frauenkörper reden, denn Körperbilder spielen vor allem in ihrem Metier, der Schauspielerei, eine große Rolle.

Altenberger hat schon immer davon geträumt, irgendwann auf der Bühne zu stehen, weil sie aber an der Aufnahmeprüfung am Max-Reinhardt-Seminar scheitert, studiert sie erst Publizistik und schließt mit einem Bachelor ab. Sie arbeitet in Brüssel, spricht dann aber doch noch für die „Junge Burg" am Burgtheater vor – und bekommt dort einen Jahresvertrag. Was Körperbild auf der Bühne heißt, lernt sie schnell. Sie hört: „Du spielst die (sexy) Sekretärin, weil du wie eine aussiehst." Am nächsten Theater sagt man ihr: „Wir müssen dein Kostüm adaptieren, denn wenn du deine Brüste nicht mehr herzeigst, weiß ich nicht, was an deiner Performance interessant sein soll." Sätze wie diese hört sie vorwiegend von Männern, sagt sie, „aber ich möchte Frauen da nicht ausnehmen, es gab und gibt am Theater auch genug, die sehr patriarchal eingestellt sind". Was sie gebraucht hätte, wären Menschen in höheren Positionen, etabliertere Kolleg:innen, die Partei ergreifen und solche Verhaltensweisen unterbinden.

Gegen diesen Sexismus begehrt sie erstmal nicht auf, ihre feministische Stimme muss sie erst finden und formen.

Feminismus als Lebensprinzip hat sie durch ihre Omas und ihre Mutter kennengelernt, obwohl man das damals nicht unter diesem Begriff gelabelt hat. An ihren feministischen Erweckungsmoment erinnert sie sich heute noch ganz genau: Mit einem Freund sitzt sie nach ihrem Urlaub in einem schicken Lokal in Salzburg – als eine dicke Frau mit bauchfreiem T-Shirt und kurzer Hose das Lokal betritt, laufen in Verena Altenbergers Kopf eingelernte Gedanken ab: „Was hat die denn da an? Was macht die überhaupt hier?" Doch zum ersten Mal meldet sich in ihrem Kopf eine zweite Stimme: „Was denkst du da gerade? Eigentlich ist das doch toll, die Frau kann sich doch anziehen, wie sie möchte!"

Seither, sagt Altenberger, gebe sie Frauen einen hundertprozentigen Vertrauensvorschuss und positive Gedanken. Sie beginnt damals, sich in diesem Bereich zu bilden, sich mit Feminismus als Theorie auseinanderzusetzen, liest Bücher, hört Podcasts, reflektiert, warum sie solche Gedanken wie in der oben beschriebenen Situation überhaupt hat, woher sie kommen. „Das hat mir nicht nur dabei geholfen, Frauen gegenüber solidarischer zu sein, sondern hat auch den Blick auf mich selbst verändert, die Stimme meiner Sozialisierung abzustellen. Ich habe auch aufgehört, zu streng mit mir und meinem Körper zu sein, bin liebevoller und gleichzeitig sensibler dafür, Sexismus, Diskriminierung, Übergriffigkeit auch bei anderen zu erkennen – wenn er ihnen passiert und wenn sie ihn verursachen."

Auch an ihren politischen Erweckungsmoment kann sich Altenberger so gut erinnern, als sei er gestern gewesen. Weil sie die Serie „Magda macht das schon" für RTL dreht, meldet sie sich auch auf Instagram an, Werbung, Marketing und so, der Sender wünscht sich das von ihr. „Ich konnte mit Instagram relativ wenig anfangen, mit diesen Filtern und Storys und gekünsteltem Leben. Irgendwann wollte ich ein Urlaubsfoto vom Meer posten und darunter ‚Vitamin Sea‘ schreiben – gleichzeitig kam im Radio die Nachricht, dass wieder Flüchtlinge im Mittelmeer ertrunken sind. Das ging sich dann für mich nicht mehr aus.“

Seither versucht sie, für politische und feministische Inhalte zu sensibilisieren. Sie geht mehr in den gesellschaftspolitischen Diskurs, bezieht klar Stellung, sagt ihre Meinung, rüttelt auf. „Das hat auch mein Bewusstsein geschärft“, sagt sie. Sie versuche aber, nur über Themen zu sprechen, bei denen sie sich auch wirklich sattelfest fühle – alles andere fände sie unverantwortlich. Aufrufe zu Volksbegehren oder Ähnlichem zu Themen, von denen sie keine Ahnung oder wenig Bezug hat, würde sie nicht posten.

Ich frage sie, ob sie sich nur im öffentlichen Diskurs in der Pflicht sieht, oder auch im privaten. „Natürlich auch im privaten. Ein Beispiel: Ich bin in einer Runde gesessen, in der einer der anwesenden Männer einen wirklich dummen, sexistischen Witz gemacht hat. Ein paar haben darüber gelacht, ein paar verlegen weggeschaut und gar nichts gesagt. Ich habe mir damals gedacht: Wenn ich jetzt nichts sage, wird der, der den Witz erzählt hat, ihn in einer anderen Situation wiederholen. Die, die darüber gelacht haben, werden ihn vielleicht weitererzählen. Also hab ich ihm gesagt, dass ich das nicht okay finde.“ Dass daraufhin die Stimmung kurz unangenehm ist, manche sich vielleicht denken würden, sie sei eine Zicke, nehme sie in Kauf. „Weil das, was das ausmacht, wichtiger ist. Der, der ihn erzählt hat, erzählt den Witz vielleicht nicht nochmal. Und die, die darüber gelacht haben, werden ihn wahrscheinlich nicht weitererzählen." Es gehe auch um die Mithörer:innen, sagt Altenberger.

Dass jeder von uns aufstehen müsse, das sieht sie nicht zwingend so. Und das überrascht mich. Altenberger meint aber, dass es gerade in ihrem Job in vielen Situationen nicht möglich ist, weil viel vom Status abhänge – wahrscheinlich kann man das aber auch ganz gut auf andere Branchen ummünzen. „Ich musste mir den Mut und meine Stimme erarbeiten – und auch einen gewissen Status, um sie mir leisten zu können. Ich bin doch in einer ganz anderen Situation als vor zehn Jahren. Ich kann es mir erlauben, den Mund aufzumachen – andere Kolleg:innen vielleicht nicht."

In der Schauspielbranche versuche sie jetzt jedenfalls selbst, die Kollegin zu sein, die sie als junge Frau gebraucht hätte. Kriegt sie Sexismus, Sexualisierung, Diskriminierung mit, spricht sie das an – indem sie den Betroffenen ihre Hilfe anbietet.

Wie groß dieses Thema noch ist? Altenberger tut sich schwer, das zu beantworten. „Mir passieren gewisse Dinge einfach nicht mehr, weil ich heute in einem anderen Status an ein Set komme. Da habe ich meistens die Hauptrolle – und ich kann, wenn sich mir gegenüber jemand ungut verhält, wirklich Probleme machen. Eine ältere Kollegin meinte mal zu mir, dass gerade das Thema Sexismus viel schlimmer gewesen wäre, als sie jung war. Ich habe sie darauf aufmerksam gemacht, dass ich solche Aussagen schwierig finde, weil es einen selbst blind für gewisse Situationen macht, wenn man denkt, dass das heute kein Thema mehr ist."

Dass es kein Thema mehr ist, davon ist die österreichische Filmbranche offenbar ohnehin weit weg. Altenberger erzählt mir von der #we_do, der Anlauf- und Beratungsstelle gegen Diskriminierung und Ungleichbehandlung, Machtmissbrauch, sexuelle Übergriffe sowie arbeitsrechtliche Verletzungen für all jene, die in der österreichischen Film- und Fernsehbranche arbeiten. Zahlen zeigen, dass die Situation vielleicht öfter erkannt und benannt wird, die Branche aber noch weit entfernt von einer sexismus- und diskriminierungsfreien Zone ist: „Wir haben also zwischen 25 und 30 Kontakte im Jahr – Telefonate, Videogespräche persönliche Beratungen – 2020 waren es sogar knapp 60. Corona hat uns hier einen Strich durch die Rechnung gemacht, da so gut wie alle Workshops, die wir sonst machen, ausgefallen sind", sagt Daniel Sanin, klinischer und Gesundheitspsychologe von der Beratungsstelle. „Die Bandbreite ist aber groß – von nicht ausbezahlten Überstunden über unangemessene Berührungen bis hin zu sexuellen Belästigungen und Übergriffen, also vom Arbeitsrechtlichen bis hin zum sexuell Gewalttätigen. Die Bandbreite kommt dadurch zustande, dass wir eine Anlaufstelle für allgemeine Ungerechtigkeiten sind, was geschlechtliche Diskriminierung inkludiert, aber sich nicht darauf reduziert. Das erleichtert vielen die Kontaktaufnahme." Wichtig sei aber vor allem auch, dass Diskriminierung in der Branche nicht mehr vertuscht werde, sondern dass man diesbezüglich auch in den Dialog gehe.

Zurück zu Verena Altenberger. Frau zu sein habe sie radikalisiert, sagt die Schauspielerin. Alles Negative, was ihr begegnet sei, was sie erlebt habe, kann sie auf ihr Geschlecht zurückführen. „Besonders bedenklich finde ich, dass es immer noch die Haltung gibt, man selbst als Frau müsse gewisse Situationen verändern. Da heißt es dann: ‚Warum hast du nichts gesagt?' Aber eigentlich sollte es die Aufgabe der Gesellschaft sein nachzudenken, wo sie handeln kann und auch dringend handeln muss, damit gewisse Situationen einfach nicht entstehen."

Verena Altenberger und ich haben uns mehr als zwei Stunden unterhalten, es wird langsam kalt im Gastgarten des Kaffeehauses. Ich will noch von ihr wissen, was sie ihrem jüngeren Ich mit dem Wissen von heute raten würde. Sie denkt nach. „Ich würde mir raten, öfter auf meine innere Stimme zu hören und nicht alles so hinzunehmen, weil es so ist. Ich glaube nämlich, dass ich lange Zeit für meine Umgebung eine sehr verträgliche Frau war. Viele haben über mich wahrscheinlich gesagt: Die ist unkompliziert, die ist nett. Wie es bei mir im Innern aussah, wussten sie aber nicht. Da bin ich jetzt einen großen Schritt weiter."

Am Schluss muss ich nochmal an Altenbergers Twitter-Profil denken. „What are we going to do with all this future?", steht auf ihrem Titelbild. Ich finde, das ist eine gute Frage, die man sich durchaus selbst immer wieder stellen kann. Verena Altenbergers Antwort darauf? Die Schauspielerin denkt ein paar Minuten nach. „Ich möchte einfach ein guter Mensch sein. Aber ich glaube, auf diese Frage kann es nicht nur eine einzige Antwort geben."

Diese Eigenschaft hatte ich vor zehn Jahren noch nicht:

Mut in diesem Ausmaß

Das hat mir meine Mutter immer geraten:

Schau, dass du glücklich bist. Dass du voll bist. Nur wenn du für dich deine eigenen 100 Prozent bist, kannst du geben und anderen helfen.

Wäre ich Bundeskanzlerin, würde ich:

mich in realpolitischen Wirren verlieren und Angst haben, meinen Idealismus aufgeben zu müssen, aber ich würde nie aufgeben

Das regt mich auf:

Unfairness

Dieser Schritt hat mich Mut gekostet:

Schauspielerin zu werden, also meinen Kindheitstraum zu wagen mit all den enormen Unsicherheiten, die dieser Beruf und diese Art zu leben mit sich bringen

Irina
@toxische_pommes

„ICH WOLLTE DEM VERMEINTLICH KLASSISCHEN ÖSTER-REICHISCHEN FAMILI-ENBILD ENTSPRECHEN UND DACHTE, ICH MÜSSTE DIE ÖSTER-REICHISCHSTE ÖSTER-REICHERIN WERDEN, DIE ES IM LAND GIBT. DAS WAR NATÜRLICH UNMÖGLICH."

*Irina** alias *@toxische_pommes* übt Gesellschaftskritik in Form von Satire. Auf Instagram folgen ihr fast 60.000 Menschen, auf TikTok ebenso, dort hält sie bei 3,3 Millionen Likes.

*Ihren Nachnamen und ihr Alter möchte sie nicht verraten.

LORENZ IST EIN Typ, den man gemeinhin als klassisch linken, woken Hipsterbobo bezeichnen würde. Typ Akademiker, der sich über Sexismus aufregt, dabei aber nicht erkennt, dass er selbst Teil des Problems ist. Ein Mittdreißiger mit Altbauwohnung in Wien, der Backpacking-Urlaub in Kambodscha macht und eindeutig zu viel Geld hat. Lorenz philosophiert gerne darüber, ob er nicht glücklicher wäre, wenn er weniger davon hätte. Denn: Wahrscheinlich wären seine Sorgen einfacher, müsste er sich in erster Linie damit beschäftigen, wie er den nächsten Tag überleben soll – und sich nicht ständig „diesem Mindfuck" hingeben, was man mit seinem Leben denn anfangen soll. „Da kann man ja nur depressiv werden."

Und dann gibt es auch noch Renate. Renate ist der Typ Kindergärtnerin, die der Mutter mit Migrationshintergrund erklärt, wie toll ihre Tochter ist, vor allem deshalb, weil sie überhaupt nicht ausländisch aussieht. Renate ist aber auch die, die sich gerne darüber beschwert, wie schlecht Ausländer:innen Deutsch können. Sie selbst kann aber nicht einmal ein Mineralwasser auf Englisch bestellen.

Was das mit Irina aka @toxische_pommes zu tun hat? Egal ob Bobos oder die Nachbar:innen von nebenan, Sexist:innen, Rassist:innen, Klassist:innen oder Menschen, die sich als politisch korrekt bezeichnen, Menschen mit Migrationshintergrund und „Balkan-Mentalität", Menschen ohne Migrationshintergrund, Workaholics oder Beamt:innen: Irina ist sie alle. In ihren kurzen TikTok-Clips spielt sie mit Stereotypen, Klischees und Doppelmoral, ihre Charaktere überzeichnet sie und übt dadurch Gesellschaftskritik, die, eben weil sie über die Sarkasmusebene funktioniert, nie mit dem erhobenen Zeigefinger daherkommt, sondern für sich selbst spricht. Und ich als Zuseherin? Schaue gerne zu – fühle mich dabei entweder peinlich berührt oder in vielen Fällen auch ertappt. Und das ist gut so.

„Ich habe das Gefühl, dass manchmal mehr hängen bleibt, wenn schwierige Themen in Form von Satire daherkommen", sagt Irina. „Das heißt natürlich nicht, dass es nicht auch anders funktionieren muss und funktioniert, aber manchmal tun sich Menschen leichter, Kritik anzunehmen, wenn sie in Form von Humor geübt wird." Irina sitzt neben mir auf einer Bank im Café Engländer, ich trinke ein Soda Zitron, bin müde vom gesamten Tag und versuche, mir das nicht anmerken zu lassen – sie trinkt eine heiße Milch mit Honig. Wenn Irina spricht und gestikuliert, zittern ihre Hände, das liegt aber nicht daran, dass sie unser Gespräch nervös macht, sie kommt nur direkt vom Boxtraining.

Vereinzelt bleiben Blicke junger Menschen an ihr hängen, mit diesem klassischen Die-kenne-ich-von-irgend-woher-Blick – und das ist bei zusammengerechnet 120.000 Followern auf TikTok und Instagram nicht weiter verwunderlich. Auf der Straße, sagt sie, werde sie mittlerweile regelmäßig angesprochen. „Ich freue mich zwar jedes Mal darüber, weil die Begegnungen immer sehr herzlich sind, aber ich weiß oft nicht genau, was ich in der Situation sagen soll." Ganz wohl fühle sie sich dabei nicht – und fast entschuldigend schickt sie „Ich bin eigentlich ein sehr introvertierter Mensch, dem es nicht leichtfällt, mit Fremden zu sprechen" hinterher.

Ihr Projekt ist 2020, im ersten Jahr der Pandemie, rein zufällig entstanden. Damals kommt sie gerade aus einer toxischen Beziehung, ist auf Jobsuche als Juristin und lenkt sich via TikTok ab.

Aber wie merkt man eigentlich selbst, dass man ganz lustig ist und Menschen unterhalten kann? Steht man vorm Spiegel und übt Witze? Irina ist schon als Kind Alleinunterhalterin, das dient ihr in der Schule vor allem als eine Art Selbstschutzmechanismus. Als nerdiges Kind und Streberin sei sie von den „coolen" Kids oft verarscht worden, erzählt sie. Irgendwann habe sie einfach angefangen, sich selbst zum Affen zu machen, und gemerkt, dass sie so mehr Selbstbestimmung gewinnt und besser zu ihren Unsicherheiten stehen kann.

Irina wächst in Wiener Neustadt auf. Wegen des Kriegs in Ex-Jugoslawien sind ihre Eltern mit ihr nach Österreich geflüchtet, da ist sie noch ein Kleinkind. Ihre Mutter geht arbeiten, ihr Vater bleibt zu Hause, um sich um sie zu kümmern. Ein für die 1990er in Österreich untypisches Familienkonstrukt, weshalb Irina damals oft das Gefühl hat, sie müsse ihren Vater verteidigen, weil er ein „Stay at Home"-Dad ist, wie man heute sagt. „Den Kindern im Kindergarten und in der Volksschule war das relativ egal. Aber aus irgendeinem Grund fragten die Eltern von meinen Freund*innen uns Kinder immer aus, was denn unsere Eltern alle so machen." „Und dein Papa macht gar nichts!?" bekommt Irina dann häufig zur Antwort. „Heute wäre das wohl anders."

Ich selbst war vielleicht zweimal in meinem Leben in Wiener Neustadt. Aber man muss nicht oft dort gewesen sein, nein, man muss eigentlich gar nicht dort gewesen sein, um zu wissen, wie tief die rechte Szene dort verankert ist. Welch lange Tradition Burschenschaften wie die „Germania" in der niederösterreichischen Stadt haben, betonen auch Historiker:innen, und immer wieder ist die Szene Thema in den Medien. 2015 werden Flüchtlinge, die in Wiener Neustadt aufgenommen werden, aus Autos heraus mit Softguns beschossen; 2018 wird aufgedeckt, dass in der Burschenschaft „Germania" Liederbücher mit antisemitischen Inhalten kursieren. Auch der damalige FPÖ-Bezirksparteiobmann Udo Landbauer ist bis zu diesem Zeitpunkt Mitglied der schlagenden Verbindung, er tritt daraufhin zurück, nur um zwei Jahre später als stellvertretender Bundesparteiobmann der FPÖ wieder aufs politische Parkett zurückzukehren. Österreich in a nutshell. Heute werden diese Dinge zumindest aufgedeckt und benannt, aber wie muss es in den 1990ern, als Irina ein junges Mädchen war, gewesen sein?

Irinas Herkunft ist jedenfalls immer Thema, daran gewöhnt sie sich ganz schnell, erzählt sie heute recht abgeklärt. Sie wird damit groß, dass ihre Mama und ihr Papa rassistisch beleidigt werden, weil sie anders sind: Sie haben einen nichtösterreichischen Namen, sprechen schlecht Deutsch, haben eine andere Religion und Kultur und halten ganz allgemein andere Dinge für selbstverständlich; sie merkt, wie ältere Menschen ihre Handtaschen fester an sich drücken, wenn sie mit ihren Eltern spazieren geht und in ihrer Muttersprache BKS (Bosnisch/Kroatisch/Serbisch) spricht, und ihr manchmal auch ein „Scheiß-Tschuschen" hinterherschicken. Lehrer:innen sagen ihr dezidiert, dass sie keine bessere Note bekomme, weil sie „Ausländerin" ist; aus dem Religionsunterricht wird sie von der Schuldirektorin mit dem Vorwurf ausgeschlossen, wie „sie es denn wage, als Nicht-Katholikin am Katholischunterricht teilzunehmen". Obwohl sie Klassenbeste ist, will man sie auf die Hauptschule schicken. All diese Erlebnisse führen zu einem Ergebnis: Irina möchte am liebsten ihre Identität als „Ex-Jugo" aufgeben.

Ihr bester Freund in der Schule hat auch Migrationshintergrund – allerdings ist seine Zweit- bzw. Muttersprache Spanisch. Irina lernt also schnell, dass zwischen ihr und anderen Ausländer:innen unterschieden wird: Da gibt es einerseits die „guten" und andererseits die „schlechten". „Bei mir wurde es von Lehrer:innen immer heftig kritisiert, dass ich zu Hause BKS gesprochen habe. Bei ihm war es total lobens- und bewundernswert. Weil man mit Spanisch offensichtlich nichts Bedrohliches verbindet." Wie geht man als Kind damit um, wenn einem solche Dinge gesagt werden? „Ich habe mich sehr geschämt und fehl am Platz gefühlt. Ich habe oft geträumt, dass ich einen österreichischen Namen habe, dass meine Eltern perfekt Deutsch sprechen, dass wir in einem großen Haus wohnen und meine Eltern Wiener Schnitzel statt Sarma kochen. Ich wollte dem klassischen österreichischen Familienbild entsprechen und dachte, ich müsste die österreichischste Österreicherin werden, die es im Land gibt. Das war natürlich unmöglich und im Nachhinein gesehen auch lächerlich."

Wenn sie im Sommer ihre Familie in Montenegro, Serbien und Kroatien besucht, ist sie die „Švabica", die „Deutsche".

Sie gerät in einen Identitätskonflikt und hat das Gefühl, nirgends so richtig dazuzugehören.

Als Irina österreichische Staatsbürgerin wird, ist sie zehn Jahre alt. Das ändert nicht zwingend etwas an diesem Konflikt, den sie noch lange in sich trägt – aber es nimmt ihr und ihrer Familie eine Last von den Schultern. Heute muss Irina darüber lachen. „Wir haben uns alle superschön angezogen, das Hemd von meinem Papa war nach kurzer Zeit richtig durchgeschwitzt vor Nervosität, weil er noch einen Deutsch-Test absolvieren musste – und meine Mama hat sich extra ein Trachtenkleid von unserer Nachbarin ausgeborgt. Wir waren danach in einem feinen Kaffeehaus auf dem Wiener Neustädter Hauptplatz. Und ja, wenn du mit der Angst aufwächst, dass du jederzeit ausgewiesen werden kannst, weil dein Aufenthaltstitel nicht verlängert wird, dann vergisst du den Moment nicht mehr, ab dem klar ist: Jetzt kann dir das nicht mehr einfach so passieren." Trotz Staatsbürgerschaft bleibt die Angst, ausgegrenzt zu werden, weil man vermeintlich „anders" ist und auch bleibt – egal wie hart man dafür arbeitet, den regelmäßig auch widersprüchlichen und nicht erfüllbaren Erwartungen der Mehrheitsgesellschaft gerecht zu werden und sich in Österreich zu „integrieren". „Integration wird in Österreich nach wie vor leider meist mit Assimilation gleichgesetzt", sagt Irina. „Als Kind hatte ich daher auch oft das Gefühl, ich müsse mich für eine Identität entscheiden." Heute versucht sie beide Identitäten miteinander zu vereinen.

Wien und Wiener Neustadt trennen rund 47 Kilometer. Das ist nicht viel, das sind 45 Minuten mit dem Auto, 15 Minuten weniger mit der Bahn. Trotzdem malt sich Irina aus, dass die Welt in der Bundeshauptstadt eine andere ist. Aufgeklärter, offener, progressiver, bunter und diverser. Nach der Schule kommt sie zum Studieren hierher, in Wiener Neustadt war sie seither nicht mehr oft, auch ihre Eltern leben heute woanders. Der Schritt nach Wien ist auch der Moment, in dem sie sich zum ersten Mal Begriffen wie „Feminismus" annähert – wenn auch nur in „Baby Steps", wie sie heute sagt. „Ich hatte in Wien plötzlich einen sehr offenen und kritischen Freundeskreis, wir haben viel über diese Themen gesprochen und diskutiert. Weil sie uns alle irgendwie beschäftigt haben. Wir haben versucht, Worte zu finden für die gesellschaftlichen Ungleichbehandlungen zwischen FLINTA* und Männern, die wir immer schon gespürt haben, aber lange nicht benennen konnten." *(* steht für Frauen*, Lesben, inter, non-binary und trans* Personen und bezeichnet alle Personen, die vom Patriarchat unterdrückt werden., Anm.)*

Es ist der Zeitpunkt, an dem sie auch in einen anderen Kontext setzt, dass ihr Vater zu Hause geblieben und ihre Mutter arbeiten gegangen ist. „Plötzlich galt das, was mein damaliges Umfeld als befremdlich abstempelt hatte, als superfeministisch und progressiv! Obwohl meine Mutter als einzige Gehaltsverdienerin in der Familie auf sehr viel verzichten und Abstriche machen musste, war sie immer schon ein Vorbild für mich, wer hätte es auch sonst sein sollen, in den 1990ern gab es ja im Vergleich zu heute sehr wenige Persönlichkeiten, die sich FLINTA* zum Vorbild hätten nehmen können." Ihnen sei oft nichts anderes als der Versuch geblieben, sich in die Rollen von Superhelden wie Batman oder Superman zu zwängen; „diversere und damit für einen größeren Kreis an Kindern repräsentative Superheld*innen gab es in den 1990ern und 2000ern ja noch kaum."

Irina studiert Jus, weil es sie fasziniert „wie viel man in diesem Fach über die Gesellschaft lernt und wie eine Ordnung für ihr Funktionieren aussehen kann", macht ihr Doktorat – und lernt die Sexismen in der Jurist:innenwelt kennen. An den unteren Ebenen sei die Durchmischung noch ausgewogen, aber sobald es in Richtung Professur gehe, sei die Branche sehr *weiß*, autochthon-österreichisch und männerdominiert.

„Als Universitätsassistentin am Juridicum hatte ich immer das unterschwellige Gefühl, dass von uns weiblich gelesenen Forscherinnen erwartet wird, die Bienenarbeit zu machen und fleißig für die Professor*innen zu recherchieren. Wenn es hingegen um die richtig spannenden rechtlichen Fragen geht, zählt die Meinung von – in der Regel *weißen* – cis Männern mehr." Auch bei Diskussionen sei es ihr immer wieder passiert, dass „alte, *weiße* Professoren" junge, weiblich gelesene Personen – mit noch dazu einem nicht-österreichischen Namen – wie sie nicht ernst nehmen. „Und wenn du merkst, du wirst regelmäßig nicht ernst genommen, meldest du dich irgendwann auch nicht mehr, weil du keinen Bock auf die damit verbundenen unangenehmen Gefühle hast. Und das führt dazu, dass dann so ein ‚circle jerk' *(ein Gespräch von Personen, die denken, sie diskutieren miteinander, dabei dient das Gespräch nur dazu, die eigene*

Weltsicht und Meinung zu bestätigen, Anm.) entsteht, in dem *weiße* Professoren mit jungen Assistenten hirnwichsen."

Die Lösung sei ihrer Ansicht nach jedenfalls nicht, dass sich FLINTA* das Verhalten von Männern abschauen und aneignen. „Willst du es ‚wie ein Mann machen' und es so in einer von Männern dominierten Welt, bis zur gläsernen Decke, nach oben schaffen, oder willst du es anders machen – mit der Chance, die Gesellschaft für dich und andere offener zu machen?" Dass das natürlich alles nicht so einfach geht, ist ihr bewusst, und auch verurteilt sie FLINTA* nicht dafür, welchen Weg sie für sich selbst in einer patriarchalen Welt einschlagen. Besser wäre es ihrer Meinung nach jedenfalls, öfter mal „Ich weiß es nicht" zu sagen. Ich muss lachen, denn ich finde, dass man da vor allem Männer in die Pflicht nehmen müsste. Irina stimmt zu. „Ja, ich finde, vor allem cis Männer tendieren gerne und oft dazu, immer alles zu wissen und zu überspielen, wenn sie in Wirklichkeit wenig Ahnung haben. Und ja, wenn ich denke, mich wo gut auszukennen, labere ich auch gerne eine Stunde über ein Thema. Aber oft ist es ja so: Kriegt ein cis Mann eine Interviewanfrage, sagt er wahrscheinlich zu, auch wenn er vielleicht nicht zu hundert Prozent der passende Experte* zum Thema ist. Eine Frau hingegen sagt womöglich eher: ‚Das ist nicht mein Fachgebiet, fragen Sie da lieber jemand anderen.' Ich denke, die Welt wäre besser dran, wenn das auch mal cis Männer sagen würden."

Auch wenn es noch genug zu tun gebe, meint Irina, sei die Gesellschaft auf einem guten Weg. Es tue sich da momentan einiges, vor allem wenn es um die Benennung struktureller

Diskriminierungsformen und ungerechter Machtverhältnisse gehe. „Ich merke das an meinen Cousinen, die sind 14 oder 15 Jahre alt und haben ein ganz anderes Bewusstsein für bestimmte Themen, wie zum Beispiel LGBTQ+-Anliegen. Ich wusste in diesem Alter zum Beispiel absolut gar nichts über trans Personen – es war auch niemand da, der uns das erklärt hat, soziale Medien gab es damals nicht, und in der *Bravo* stand sowieso nur Müll. Aber für die Generation nach uns ist eine gewisse Sensibilität und Empathie diesbezüglich selbstverständlicher geworden." Gleiches gelte im Übrigen auch für sexuelle Übergriffe, sagt sie. „Ich erinnere mich noch, als mir mit 15 ein Typ in einer Bar mal so fest in den Schritt gefasst hat, dass es richtig wehgetan hat. Das wurde damals abgetan mit: ‚Ach, der ist halt ein Grapscher, das ist so.' Eine solche Reaktion des Umfelds scheint mir heute weniger vorstellbar. Mir kommt vor, dass die heute 15-Jährigen ein Bewusstsein für das Konzept von Konsens entwickelt haben und auch mal ausrasten, wenn ein ähnlicher Übergriff passiert. Völlig zu Recht."

Bevor Irina geht, will ich noch wissen, in welcher Verantwortung sie sich eigentlich ihren Follower:innen gegenüber sieht. „Ich versuche, niemanden in seiner*ihrer Identität zu kränken, und ich finde, das braucht gute Satire auch gar nicht. Seit kurzem versehe ich manche Videos mit einer ‚Triggerwarnung' – darauf haben mich meine Follower*innen hingewiesen. Weil meine Inhalte natürlich auch Menschen triggern können – zum Beispiel weil sie eine traumatische Erfahrung im Zusammenhang mit einem in meinem Video angesprochenen Thema gemacht haben."

Irina packt ihren großen schwarzen Rucksack, in dem sie ihre Trainingskleidung und ihre Boxhandschuhe verstaut hat. Seit drei Jahren geht sie regelmäßig in ihren Boxclub. Das brauche sie als Ausgleich, in den Ring steige sie aber nicht. Sie trinkt ihr Soda aus, das sie nach der Tasse heißer Milch bestellt hat, und verabschiedet sich. Ihre Hände zittern noch immer.

Zwei Tage später spült es mir ein neues Posting von @toxische_pommes in den Feed. Lorenz ist wieder dran. „Ob ich mich als Feminist bezeichnen würde? Natürlich!", heißt es in dem Clip. Nächste Szene: Lorenz sitzt vor seinem Laptop und tippt: „Barely legal" – und greift nach dem Spender mit Gleitcreme.

Das glaubt niemand von mir:
Ich hasse nicht Männer, sondern das Patriarchat

Dieser Schritt hat mich Mut gekostet:
mich vor meiner Familie als bisexuell zu outen

Das würde ich immer wieder tun:
Schluss machen

Das würde ich meinem 16-Jährigen Ich heute raten:
Die meisten Dinge, die in der Schule passieren, werden in wenigen Jahren völlig egal sein

Das finde ich an mir richtig gut:
dass ich oft impulsiv bin

Und das weniger:
dass ich oft impulsiv bin

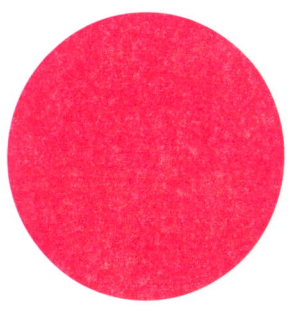

Mithu Sanyal

„ICH STAND IMMER ZWISCHEN DEN STÜHLEN: ICH WAR NICHT FREMD, ABER ICH WAR AUCH NICHT ZU HAUSE."

Mithu Sanyal ist Kulturwissenschaftlerin und Schriftstellerin. 2009 entstand aus ihrer Doktorarbeit das Buch „Vulva – Die Enthüllung des unsichtbaren Geschlechts", ihr Roman „Identitti" kam auf die Shortlist des Deutschen Buchpreises 2021.

EIGENTLICH SOLLTE ICH gerade gemeinsam mit Mithu Sanyal in einem Café oder einem Restaurant in Düsseldorf, Bezirk Oberbilk, sitzen; weil die Zeiten aber sind, sie wie sind, und Österreich aufgrund der hohen Covid-19-Fallzahlen in diesem Spätherst 2021 zum Hochrisikogebiet erklärt wurde, lasse ich mir von Mithu Sanyal an diesem Samstagabend eben über Zoom erklären, was im Bezirk, in dem sie lebt, so los ist.

Oberbilk liegt hinter dem Düsseldorfer Hauptbahnhof und ist ein Arbeiter:innenbezirk – viele Menschen, die früher hier gelebt haben, waren bis zur Schließung in den 1990er Jahren im hiesigen Stahlwerk tätig, dementsprechend habe die Stahl- und Eisenindustrie hier ihre Spuren hinterlassen, erzählt Sanyal. Aber weil Oberbilk auch immer schon der Multikulti-Teil Düsseldorfs ist und die Mieten hier immer schon leistbarer waren, sind es die Migrant:innen, die den Kiez prägen. Der Anteil der Menschen mit Migrationshintergrund, die hier leben, liegt bei mehr als 50 Prozent – Italiener, Polen, Libanesen, Iraner. Mithu Sanyal passt hier, wie sie selbst sagt, also gut ins Bild. Und kein anderer Ort der Welt ist ihr so vertraut. Der Supermarkt ums Eck, die St.-Josef-Kirche, in die sie als Kind fast jeden Sonntag, heute aber – wenn überhaupt – nur mehr zu Weihnachten geht. Sanyal hat, mit einer kurzen Unterbrechung zu Unizeiten, schon immer hier gelebt.

Mithu Sanyal lacht viel, redet schnell und kommt dementsprechend rasch von einem Thema ins nächste. Gerade waren wir noch bei Oberbilk, jetzt sind wir schon mittendrin in ihrer Kindheit, einer Kindheit geprägt von der Tatsache, nicht *weiß* zu sein. „Das hat vor allem im Leben meiner Mutter eine große Rolle gespielt", sagt sie. Sanyals Mutter Ingrid ist Deutsche mit polnischen Wurzeln, ihr Vater ist in den 1960er Jahren aus Indien nach Düsseldorf emigriert. Die Ehe der Eltern ist bei anderen ständig Thema. Die fragen: Wie macht ihr das mit den unterschiedlichen Religionen? Und wie ist das mit den verschiedenen Hautfarben? Ist das nicht alles ein Problem? Sie antworten: wenn, dann nur, weil es die anderen zu einem machen. „Als die beiden nach einer Wohnung gesucht haben, haben sie lange keine gefunden – weil an Verheiratete in Mischehen einfach nicht vermietet wurde", erzählt Mithu Sanyal. Als sie zur Welt kommt, kommen neue Fragen hinzu, vor allem wenn sie nur mit ihrer Mutter unterwegs ist: Das ist doch nicht dein Kind? Ist sie adoptiert? Sanyal erinnert sich an eine Anekdote beim Schwimmkurs: „Als ich mein Seepferdchen-Schwimmabzeichen gemacht habe, ist mein Lehrer zu mir hergekommen und meinte, es tue ihm leid, aber meine Mama sei nicht da. Ich habe natürlich total geheult. Dabei war sie doch da, nur ist der Schwimmlehrer nicht auf die Idee gekommen, dass eine *weiße* Frau meine Mutter sein könnte, und hat nach einer Frau mit brauner Hautfarbe Ausschau gehalten." Heute kann Sanyal darüber lachen.

Ihre Mutter versucht, das „Nicht-*weiß*-Sein" ihrer Tochter zu kompensieren, steckt Sanyal in einen Kindergarten, in dem „auch viele Ausländerkinder" sind. Sie schenkt ihr eine Schwarze Puppe, mit der sie spielen kann, Sanyal hat sie heute noch, obwohl sie sie als Kind total „scheiße" findet, weil sie ihr nicht kuschelig genug ist. Sanyals Mutter sitzt zwischen den Stühlen: Einerseits will sie den Rassismus, der ihr widerfährt, nicht wahrhaben, negiert ihn, andererseits macht sie die Hautfarbe selbst immer zum Thema.

Als Kind fragt sich Mithu Sanyal häufig: Was hat denn das alles mit mir zu tun, ich bin doch in Deutschland geboren? Rückblickend kann sie sich jedenfalls nicht daran erinnern, wann ihre Hautfarbe kein Thema war.

Sanyal ist ein bisschen älter als die anderen Protagonist:innen dieses Buchs. Ich thematisiere das nicht, weil ich Altersangaben an sich für besonders ausschlaggebend oder sehr wichtig halte, aber in diesem Fall spielt es eine Rolle, weil Mithu Sanyal zu einer ganz anderen Zeit aufwächst als die anderen. Man kann an ihrer Geschichte deutlicher ablesen, wie langsam die Mühlen in Sachen Gleichstellung, Antirassismus oder Sexismus arbeiten. Wo standen wir in den 1980ern, wo in den 1990ern und frühen Nullerjahren – und wo jetzt?

Als Sanyal im Deutschland der 1970er und 1980er Jahre Kind und Jugendliche ist, sind die Gesetze noch andere – das trifft vor allem Kinder, die zwar im Land geboren werden, deren Eltern aber aus dem Ausland kommen. Es gilt das sogenannte Blutrecht, erst im Jahr 2000 führt Deutschland das sogenannte Geburtsrecht ein. Weil Sanyal die Tochter eines Inders ist, bekommt sie also erst nur einen indischen Pass. „Meine Mutter konnte mir ihre Staatsbürgerschaft nicht vererben" erzählt Sanyal, „weil sie eine Frau war." Sanyal ist drei Jahre alt, als sie im Jänner 1975 in Deutschland eingebürgert wird, in einem Alter, in dem sie nicht einmal weiß, was ‚deutsch sein' überhaupt bedeutet oder was ein Pass ist. „Ich kann mich nur daran erinnern, wie meine Mama damals erleichtert und voller Freude durch die Wohnung getanzt ist." Für ihre Mutter bedeutet die Einbürgerung ihrer Tochter jedenfalls, eine große Last zu verlieren. „Deutschen Frauen wurde damals gesagt, dass sie keine Ausländer heiraten sollen, weil die dann mit den gemeinsamen Kindern in ihr Heimatland abhauen würden." Pro Jahr werden zu diesem Zeitpunkt rund 20.000 binationale Ehen in Deutschland geschlossen (Quelle: Bundeszentrale für politische Bildung). Mithus Vater haut jedenfalls nicht mit ihr ab. Die Eltern lassen sich zwar scheiden, aber erst, als sie schon erwachsen ist.

Der Vater Inder, die Mutter Deutsche mit polnischen Wurzeln. Zu Hause lernt Mithu keine der Muttersprachen ihrer Eltern, die Familie spricht Deutsch, auch wenn das nicht so einfach ist, weil ihr Vater die Sprache in den ersten Jahren schlecht beherrscht. Heute fragt sich Sanyal, wie er sie auch hätte lernen sollen – damals habe es schlichtweg kein Angebot an Sprachkursen für Migrant:innen gegeben. In seinem Job als Ingenieur spricht er jedenfalls nur Englisch. Das macht die Kommunikation mit ihm für Sanyal als Kind auch ein bisschen schwierig, erzählt sie. Und deshalb ist es auch Sanyals Mutter, die das meiste zu Hause regelt – Behördenwege erledigt, in die Schule zur Sprechstunde kommt und sich dort aufgeregt, wenn ihrer Tochter im Unterricht Rassismus widerfährt.

Sanyal erzählt von Lehrer:innen, die sie im Unterricht aufrufen, um sie vorzuführen, weil sie meinen, sie könne kein Deutsch; sie erzählt von ihrem Mathematik-Professor, der alles dransetzt, sie aus dem Kurs zu ekeln. Einen teuren Taschenrechner? Braucht ein Mädchen nicht. Mathe-Leistungskurs? Kann man machen, aber weit wird man nicht kommen. Null Fehler bei der Rechenaufgabe? Drei, setzen. Sanyal erinnert sich: „Mit dem Mathe-Leistungskurs habe ich eine Zeit lang weitergemacht, ich wollte ja auch Mathematik studieren, aber irgendwann war mein ganzes Selbstbewusstsein weg." Das schmerze sie heute noch ein bisschen. „Aber andererseits wäre ich sonst vielleicht keine Schriftstellerin geworden", sagt sie und lacht, „und das wäre noch schlimmer." Sanyal, das muss hier erwähnt werden, lacht überhaupt viel, wenn sie von sich und ihrem Leben erzählt – selbst wenn sie von den schlimmen Dingen berichtet.

Diskriminiert worden sei sie häufig, ja, in Bezug darauf, nicht *weiß* zu sein. Aber nie darauf, dass sie indische Wurzeln hat. „Die Deutschen lieben Inder:innen und Indien. Wenn du nicht *weiß* bist, ist es das Beste, einfach zu sagen, du kommst aus Indien. Deutsche verbinden das Land mit Ayurveda und gutem Essen – und halten Inder:innen offenbar für sehr weise Menschen." Überall sei das allerdings nicht so. Sanyal erinnert sich an einen Besuch in London – Inder:innen und Pakistani sind dort die größte Migrationsgruppe – wo sie einerseits endlich ins Straßenbild passt und das Gefühl hat, dass „endlich alles" an ihr richtig ist, ihr andererseits aber viel offener mit Rassismus begegnet wird. „Das war spannend, weil ich mich als Kind oft danach gesehnt habe, dort aufzuwachsen, wie meine Cousinen. Aber de facto haben die halt nochmal auf einem ganz anderen Level wahnsinnig viel erlebt."

Rassismus wird später an der Uni zu ihrem Forschungs-
gebiet, genauso wie Sexismus, Identitätspolitik und Feminismus. Letzteres bringt uns gleich ins Jahr 2009, als Mithu
Sanyal ihr Sachbuch „Vulva – die Enthüllung des unsichtbaren Geschlechts" veröffentlicht. Sanyal arbeitet sich darin an
der Kulturgeschichte des weiblichen Geschlechtsorgans ab –
verhilft der Vulva zu ihrem Recht, in einer Gesellschaft, die
sie lange tabuisiert und unterdrückt, im Gegensatz zum
Penis, der als mächtiges Phallussymbol stilisiert wird. Ich
weiß noch, dass ich damals eine Rezension darüber gelesen
habe; gekauft habe ich es mir erst ein paar Jahre später, es hat
ein bisschen gedauert, bis es den Mainstream erreicht hat.
„Interessanterweise bin ich damals gar nicht als Frau mit
Migrationshintergrund wahrgenommen worden", sagt sie bei
unserem Gespräch, „sondern in meiner Rolle als Kulturwissenschaftlerin." Die großen Medien schreiben zwar über ihr
Buch, vermeiden aber das Wort Vulva – vielleicht aus falscher
Scham heraus, vielleicht auch, weil viele gar nicht wissen, was
genau es überhaupt bezeichnet –, auf den Migrationshintergrund der Autorin gehen sie nicht ein. Die Empörung im
Netz verpasst Sanyal, weil sie ihren Namen damals nicht goo-
gelt. Erst ein paar Jahre später tut sie es doch und liest Kommentare wie „Die schreibt ja nur über die Fotze, was soll das"
oder „Die ist ja Muslima, wie kann die so ein Buch veröffentlichen?" Sanyal lacht wieder. „Das wurde da schon verhandelt. Dass ich Inderin und keine Muslima bin, gut, das hatten
manche zu dem Zeitpunkt immer noch nicht kapiert."
Mittlerweile hat Sanyal zahlreiche Bücher veröffentlicht,
eines davon ist das 2016 erschienene Sachbuch „Vergewal-

tigung: Aspekte eines Verbrechens", für das Sanyal mit Betroffenen spricht. Weil sich die aber selbst nicht als „Opfer" sehen wollen, schlägt Sanyal den Begriff „Erlebende sexualisierter Gewalt" vor – der Aufschrei feministischer Medien folgt prompt, Sanyal würde eine Vergewaltigung mit einem Erlebnis gleichsetzen. Die rechte AfD springt auf den Zug auf, Sanyal kassiert einen Shitstorm – in sozialen Netzwerken werden ihre Adresse und Telefonnummer veröffentlicht, sie erhält Morddrohungen. Passiert ist zum Glück nichts. Heute, fünf Jahre später, blickt sie relativ entspannt darauf zurück, kurz danach sei sie aber auch im Schreiben sehr viel vorsichtiger gewesen. Vor allem weil sie Sorge hatte, ihre eigene Community vor den Kopf zu stoßen.

Um überhaupt zu verstehen, warum sich Sanyal Themen wie Sexismus, Feminismus, Identitätspolitik oder Rassismus zuwendet, muss man wieder zurück in ihre Kindheit schauen.

„Ich bin sehr stark von meiner Mutter beeinflusst gewesen, besonders was die Rolle der Frau betrifft." Sanyals Mutter hätte es als Arbeitertochter auf ein Gymnasium geschafft, ihre Eltern können oder wollen sich das aber nicht leisten, ihre Tochter muss Geld verdienen, damit die Familie sich über Wasser halten kann. „Wäre es dabei um ihren älteren Bruder Hans gegangen, hätten ihre Eltern das Opfer sicher gebracht." Später, als Mithu bereits geboren ist, jobbt ihre Mutter als Sachbearbeiterin beim Sozialdienst katholischer Männer, einem karitativen Verein, wird aber in einer schlechten Gehaltsstufe entlohnt, irgendwann setzt ihr der Chef einen Mann vor die Nase, der besser bezahlt wird, den sie aber einschulen muss, weil er keine Ahnung von seinem

Aufgabengebiet hat. Sanyal erinnert sich: „Es gab viele Situationen im Leben meiner Mutter, in denen sie aufgrund ihres Geschlechts diskriminiert wurde. Meine Mutter hatte lange das Gefühl: Die Männer wollen Frauen unterdrücken, weil sie Männer sind. Ganz aktiv. Und ich habe ihr das eins zu eins so geglaubt."

Genau das ist es, was Mithu Sanyal zum Feminismus bringt. Sie ist noch ein Teenager, als sie beginnt, sich mit Frauenrechten auseinanderzusetzen, deshalb treibt sie auch ab, als sie mit 15 ungeplant schwanger wird und gerade mittendrin ist, ihre feministische Stimme zu formen. Sie lernt, dass die Diskriminierung, die Frauen widerfährt, strukturell verankert ist, und versteht schnell: Kommt mir jemand blöd, dann liegt das nicht an der Person selbst oder an mir, sondern an den Strukturen unserer Gesellschaft, in denen wir aufgewachsen sind, und an internalisierten Verhaltensmustern, die lange einfach hingenommen und geduldet wurden. Das hilft ihr, auch die Diskriminierungen einzuordnen, die ihr selbst widerfahren, auch wenn die oft nicht aufgrund ihres Geschlechts passieren, sondern aufgrund ihrer Hautfarbe. Rassismus als solchen zu benennen, ist in den 80ern noch nicht üblich. Wäre sie heute 20, wäre Antirassismus sicher ein größeres Thema für sie, als er es damals war, weil Diskriminierung aufgrund der Hautfarbe auch als solche erkannt und als Rassismus benannt wird.

Ich frage sie, wann sie eigentlich gemerkt hat, dass Menschen wie sie in der Sprache, in den Büchern, aber auch in Filmen und der Musik praktisch nicht existieren. Denn so *weiß*, wie die Mehrheitsgesellschaft in den 1980er

Jahren noch war, so *weiß* muss auch die Literatur damals gewesen sein? „Es gab Gastarbeiter:innenliteratur, ja, aber sonst hatten wir als Vorbilder nur dramatische Lebensgeschichten von Migrant:innen, die in irgendwelchen Deutschbüchern standen." Sanyal erinnert sich an die Geschichte über einen türkischen Müllfahrer, der diskriminiert und gedemütigt wird, aber trotzdem immer brav arbeiten geht, auch wenn der Job schlecht bezahlt ist und ihm gar keinen Spaß macht. „Was soll denn das für eine Geschichte sein? Welches Bild wird Migrant:innenkindern da vermittelt? Das ist das, was ihr erreichen könnt?", erzählt sie heute wütend.

Dass es anders auch geht, merkt Sanyal erst, als sie beginnt, Amerikanistik und Anglistik zu studieren und englischsprachige Bücher liest. Ihr wird bewusst, dass es im Deutschen kein Wort für Menschen wie sie gibt. „Ich habe erst letztens Aufzeichnungen von mir aus dieser Zeit gefunden, da habe ich selbst für mich das Wort ‚Ausländerin' benutzt. Und das, obwohl ich mich mit dieser Bezeichnung gar nicht wohlgefühlt habe." Wenn andere sie fragen, woher sie kommt, weiß sie nicht, was sie sagen soll. Ist sie Deutsche? Halb-Polin? Halb-Inderin? Sie fragt sich, welches „Label" zu ihr passt, ob sie deutsch genug ist. Wäre sie eine gute Polin? Kann sie sich das „anmaßen"? Die Idee, beides oder alles zu sein, gab es damals nicht. „Ich habe mich wie eine Spezies gefühlt, die keine Geschichte hat, auf die sie zurückgreifen kann." Als Kind ist sie selten in Indien, kennt diese Wurzeln nicht gut. Auch mit ihren Eltern spricht sie wenig über deren Geschichte. „Mir ging es darum rauszufinden, wer ich bin. Und wo ich in diesem ganzen Geflecht stehe."

Aber wie löst man diese Frage für sich, wenn man nirgendwo Antworten findet? Wenn man nicht weiß, wohin man gehört, woher man kommt und wie man damit umgehen soll? „Die Lösung war tatsächlich, dass ich meinen jetzigen Mann kennengelernt habe." Sie erzählt von ihrem Partner, er ist *weiß* und kommt aus England, er wird zwar nicht gefragt, woher er kommt, aber man hört es ihm an, und deshalb ist auch er nur halb in Deutschland angekommen. „Ich stand immer zwischen den Stühlen: Ich war nicht fremd, aber auch nicht zu Hause – und als ich mit ihm zusammengekommen bin, hat es das leichter gemacht, auf gewisse Dinge, die ich vorher als schmerzhaft empfunden habe, einen anderen Blick zu werfen. Weil es ihm genauso gegangen ist." Auch in Sanyals aktuellem Roman „Identitti", der zwar nicht autobiografisch ist, wird unter anderem genau diese Frage verhandelt: Wer bin ich und wo stehe ich?

Mithu Sanyal schreibt, seit sie denken kann. Weil einige Figuren in den Kinderbüchern der Autorin Enid Blyton genau das tun, sind sie ihr Vorbild. Dass sie selbst mal Schriftstellerin werden könnte, fühlte sich damals an wie die Chance, einmal im Leben auf den Mond zu fliegen. Sekretärin, ja, Lehrerin, ja – aber Autorin? Oder Journalistin? „Der Gedanke daran war, wie das goldene Vlies zu finden. Dabei wollte ich aber nichts anderes als schreiben – und das hat mich schon gestresst." Sie studiert Literaturvermittlung und Medienpraxis in Essen, unter anderem bei Jürgen Manthey, dem damaligen Cheflektor von Rowohlt. Er empfiehlt sie an einen Kollegen beim WDR weiter. Das Erste, was sie für den Sender umsetzt, ist eine fünfminütige Buchrezension – und so beginnt Mithu Sanyals Karriere. Manthey ist sie bis heute dankbar. Alleine hätte sie, sagt Sanyal, „niemals gewusst, wie ich von hier nach dort komme. Ich kannte ja keine Journalist:innen, hatte niemanden in meinem Umfeld, der bei einem Medium gearbeitet hat. Hätte er die Verbindung nicht hergestellt, hätte ich es in diese Welt wahrscheinlich auch nicht reingeschafft."

Etwa zur gleichen Zeit, als sie beim WDR anheuert – also vor 25 Jahren – bietet ihre Agentin ihren ersten Romanentwurf einem Verlag an. „Nein, danke" heißt es damals – es gäbe schon eine Inderin, die für den Verlag schreibt. Damals, sagt sie heute, hatte sie das Gefühl, dass ihre Art von Literatur und die deutschen Buchverlage nicht zusammenkommen würden.

„Postmigrantische Literatur", wie Sanyal sagt, gab es zu diesem Zeitpunkt nicht. „Noch dazu stehe ich in einer britischen Literaturtradition – ich erzähle Geschichten mit einem Plot und Humor. Das wird dann ganz gern als ‚Genreliteratur' abgetan." Wie behäbig diesbezüglich auch der Literaturbetrieb in die Gänge kommt, merkt man, wenn Sanyal erzählt, dass auch ihr aktueller Bestseller mehrmals abgelehnt wurde. Die Begründung? In dem Manuskript werde ein Spartenthema behandelt. Die Jury des Deutschen Buchpreises störte sich daran allerdings nicht und nahm das Buch 2021 auf die Shortlist.

Ist da Genugtuung? Gibt es heute einen Platz für postmigrantische Literatur? „Da tut sich etwas", sagt Sanyal durchaus nachdenklich. Im Frühjahr sei ihr Buch in den

Feuilletons großer Zeitungen besprochen werden, und zwar nicht nur ihres, sondern auch sehr viele andere Bücher, die postmigrantische Inhalte zum Thema haben. Die Entwicklungen vergleicht sie gerne damit, wie Frauenliteratur in den 1990er Jahren wahrgenommen wurde: „Da ist dann jemand wie Marcel Reich-Ranicki in einer Sendung gesessen und hat beinhart gesagt: ‚Ich würde ja gerne Literatur von Frauen besprechen, aber es gibt halt keine guten Dramatikerinnen.'" Oft habe man bei Büchern von Frauen überhaupt infrage gestellt, ob das „echte" Romane seien. „Die Hoffnung ist natürlich, dass postmigrantische Literatur irgendwann ein ganz selbstverständlicher Teil des Literaturbetriebs wird. Aber das wird noch dauern – wenn man bedenkt, dass der erste Roman mit einem Mixed-Race-Erzähler erst 1990 erschienen ist und man dann vergleicht, wo wir heute stehen. So viel, wie man vielleicht denkt, ist nicht passiert."

Wir reden mittlerweile seit zwei Stunden, in Düsseldorf und in Wien ist es dunkel geworden – bevor wir uns voneinander verabschieden, fällt mir noch Stelle aus einem anderen Interview ein, das Sanyal mal gegeben hat, und auf die ich sie ansprechen möchte. Dort sagt sie, dass sie sich ganz lange gefragt habe, ob sie überhaupt ein „Recht darauf hat, hier zu sein". Sie meint damit freilich nicht das Leben, sondern den Platz, an dem sie steht – als Journalistin und gefeierte Bestseller-Autorin. „Ja, das frage ich mich manchmal noch immer. Auf der intellektuellen Ebene weiß ich, dass ich das Recht habe. Auf der emotionalen Ebene ist das manchmal aber schwierig zu erklären. Noch tiefer sitzt aber die Angst, irgendwann mal keine Jobs zu kriegen, das liegt daran, dass dieser Beruf so prekär ist. Im Moment ist die Welt aber so freundlich zu mir – ich versuche, das auch anzunehmen."

Sanyal muss wieder lachen. Bevor wir uns verabschieden, versprechen wir uns, dass ich sie irgendwann mal in Düsseldorf besuche. Schließlich will ich mir Oberbilk auch einmal mit Mithu Sanyal ansehen.

Diese Eigenschaft hatte ich vor zehn Jahren noch nicht:
zu wissen, dass ich Schriftstellerin sein darf und es auch kann

Das würde ich meinem 16-Jährigen Ich heute raten:
wenn Männer, die dich verlassen haben, wieder eine Beziehung mit dir anfangen wollen, das sofort zu beenden

Das finde ich an mir richtig gut:
dass ich meine Arbeit so liebe und mich sehr gut konzentrieren kann

Das finde ich an mir weniger gut:
dass ich keine Work-Life-Balance hinkriege – ich habe eine Work-Work-Balance

Wäre ich Bundeskanzlerin, würde ich:
echt nicht Bundeskanzlerin sein wollen

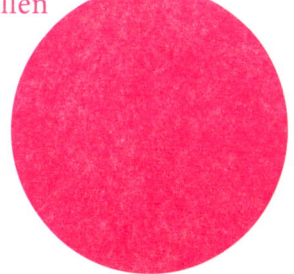

Katharina Rogenhofer

„ICH GLAUBE,
DIE WELT WIRD
KATASTROPHAL
ENDEN, WENN WIR
NICHT ENDLICH
ETWAS UNTER-
NEHMEN. UND DIESE
VORSTELLUNG
TREIBT MICH AN
WEITERZUMACHEN."

Katharina Rogenhofer hat Zoologie und Naturschutz studiert, ist Klimaaktivistin und Mitbegründerin von Fridays For Future Österreich. Außerdem ist sie Sprecherin des Klimavolksbegehrens.

ES WAR 2019, das Jahr vor Corona, als ich, damals noch in meinem alten Job, drei Frauen zum Interview getroffen habe, die sich dazu entschlossen hatten, keine Kinder in die Welt zu setzen, weil sie es nicht mit ihrem Gewissen vereinbaren konnten. Jede dieser drei Frauen nannte dieselben beiden Gründe für ihre Entscheidung: die drohenden Folgen des Klimawandels – und die Tonnen an Emissionen, die jedes Kind einspart, das nicht geboren wird. Unter dem Hashtag #birthstrike formierte sich damals international eine ganze Bewegung, die aus Rücksicht auf unseren Planeten auf Kinder verzichten wollte.

Ich weiß noch heute, dass mich diese Gespräche sehr lange beschäftigten, und das tun sie immer noch. Denn natürlich fragt man sich als Mutter in sehr regelmäßigen Abständen, wie die Welt für sein Kind in 30 Jahren aussehen wird. Wenn man ständig von Expert:innen hört, wie dringlich die Lage ist; wenn man selbst umweltbewusst lebt und auch sein Kind dahingehend erzieht, sich aber trotzdem machtlos fühlt, weil einem die Politik in Sachen Klimaschutz die großen Würfe schuldig bleibt, und man aus all diesen Gründen das Gefühl hat: Passiert jetzt nichts, dann bleibt für die nächste Generation von der Welt, wie sie ist, nicht mehr viel übrig.

2019 war auch das Jahr, in dem ich Katharina Rogenhofer kennenlernte, nachdem sie die „Fridays For Future"-Bewegung in Österreich initiiert hatte – aber nicht für die Geschichte rund um das Thema #birthstrike. Ich kann mich noch gut erinnern, dass wir damals in einem Gastgarten gesessen sind und uns unterhalten haben, sie war damals 24

und hat sich so präzise, klug und klar ausgedrückt, wie ich
es selten zuvor bei einem Menschen erlebt habe. Dass die
Klimabewegung hierzulande so eine Dynamik bekommen
hat und dass Umweltpolitik überhaupt so ein großes Thema
in Österreich ist, das ist vor allem ihr Verdienst. Ich glaube
nicht, dass dieses Thema im öffentlichen Diskurs und in der
österreichischen Politik so viel Platz hätte, würde es die Sen-
sibilisierung für das Thema durch die „Fridays For Future"-
Bewegung nicht geben. Es muss ein enormer Druck sein,
der auf Katharinas Schultern lastet. Wie hält man dem stand –
mit gerade mal 27 Jahren?

„Ich habe schon früh gelernt, Verantwortung zu übernehmen", sagt Katharina mit einem Schulterzucken und
nippt an einer Tasse Tee, „ich habe das auch immer gerne
getan. Das hat schon in der Schule angefangen und zieht
sich durch mein ganzes Leben." Sie sitzt mir an meinem
Esstisch gegenüber und fitzelt mit ihren Daumen und Zeige-
fingern an der Schale einer Pistazie herum. Sie weiß, dass
ich mit Hedy, meiner Tochter, alleine lebe, also hat sie vorgeschlagen, mich am Abend zu besuchen.

Es sind noch keine 15 Minuten vergangen, und wir
sind auch schon mitten in ihrer Coming-of-Age-Geschich-
te, in Katharinas Kindheit und Jugend. Einer Jugend, an-
getrieben von einem gewissen Leistungsgedanken, und geprägt von dem Gefühl, einen eigenen Beitrag leisten zu
müssen, um etwas verändern zu können. Vorbild war ihr
stets ihre Mutter, die selbst eine Macherin war und die ihr
Kind auch so erzogen hat. „Mein Vater hat im Ausland gearbeitet, insofern hatte ich einen Wochenend-Papa und

eine Vollzeit-Mama. Sie hat die meiste Care-Arbeit geleistet und als Biomedizinische Analytikerin im Wilhelminenspital gearbeitet. Sie war und ist eine coole, starke Frau, die mich immer ermächtigt hat, meine eigenen Entscheidungen zu treffen. Schon als Teenager. Ich durfte machen, was ich wollte, solange ich Verantwortung für die Konsequenzen übernahm." Was Katharina erzählt, hört sich im ersten Moment super und selbstbestimmt an; wenn die Eltern so viel Vertrauen haben, dass man als Teenager tun und lassen kann, was man möchte. Ich stelle es mir aber gleichzeitig auch extrem überfordernd vor, allein die Konsequenzen für seine Entscheidungen tragen zu müssen – und das in einer Phase, in der man vor allem damit beschäftigt ist, sich selbst besser kennenzulernen und zu finden. „Das war nicht immer leicht, gerade damals hat das viel Unsicherheit bedeutet", sagt Katharina. Aber an wem orientiert man sich dann eigentlich? „Richtige weibliche Vorbilder oder Leitfiguren hatte ich nicht, abgesehen von meiner Mama. Das war aber okay, denn ich bin aus Neugierde trotzdem irgendwie meinen Weg gegangen, habe vieles ausprobiert und geschafft. Mehr als im Professionellen hätte ich aber Vorbilder gebraucht, die mir in meinem Frausein und meinem Körperbild helfen."

Katharina erinnert sich, dass in ihrer Jugend das Schönheitsideal gelebt wurde, das auch die Gesellschaft vorgab: klein, leise, zierlich, kichernd. So sollte man als Frau sein. Nur was tut man, wenn man alles andere als das ist? „Ich war laut und breitschultrig, größer als alle Burschen und habe auch sonst wenig den von außen erwarteten weiblichen

Idealen entsprochen." Sie fragt sich: Gefalle ich mir? Gefalle ich anderen? Warum werde ich weniger angesprochen
als meine Freundinnen, bekomme weniger Komplimente?
„Ich habe irgendwann begonnen, diese Fragen zu ignorieren und – relativ pragmatisch – beschlossen, mich auf das
zu konzentrieren, wofür ich damals mehr Wertschätzung
bekommen habe: auf mein Wissen und meinen Einsatz in
verschiedenen Projekten." Sie lernt und engagiert sich,
gründet eine Schülerzeitung, wird Klassensprecherin, dann
Schulsprecherin; gibt Workshops gegen Mobbing, macht
eine Ausbildung zur Mediatorin und entdeckt, wie wichtig
es ihr ist, sich um andere zu kümmern. Katharina will, dass
es allen gut geht, und übernimmt dafür Verantwortung.
Damals schon im Kleinen, heute mit der Klimabewegung
im Großen.

Von oktroyierten Rollenbildern und Klischees befreit
sie sich mit Anfang 20. „Da habe ich realisiert, dass diese
gesellschaftlichen Erwartungen mir nicht gerecht werden
und so vielen anderen Frauen auch nicht. Die Gesellschaft
muss mir den Raum geben, alleine zu entscheiden, wie ich
als Frau bin, wie ich aussehe oder wie ich mich gebe."

Rogenhofer, die in Wien aufgewachsen ist, studiert
nach der Schule erst Zoologie an der Universität Wien und
dann Naturschutz in Oxford; 2018 arbeitet sie für die UN-
Klimakonferenz in Katowice als Praktikantin für die Ver-
einten Nationen. Mutige Klimapolitik? Rogenhofer stellt
ernüchtert fest, dass eine solche dort jedenfalls nicht passiert. Sie erzählt, wie sie in einen Interessenkonflikt kommt:
„Ich habe die idealistische Vorstellung, dass Politik immer

für die Menschen gemacht werden sollte. Und dann festzustellen, dass an Orten, an denen Regierungschefs aus aller Welt zusammenkommen, wo es um Klimaschutz und Gerechtigkeit gehen sollte, Lösungen hinausgezögert und abgeschwächt und von der Klimakrise betroffene Menschen zu wenig gehört werden, hat mich sehr mitgenommen." Als sie auf Greta Thunberg trifft, die damals vor Ort streikt, merkt sie, dass es Protest braucht, um Organisationen wie die UN und auch nationale Regierungen zu bewegen. Rogenhofer kehrt also nach Wien zurück und meldet den ersten Streik an – ohne zu ahnen, dass sie drei Jahre später das Gesicht der österreichischen Klimabewegung sein wird.

Die Kunst, in Diskussionen schlagfertig und präzise zu sein, lernt sie in ihrem engsten Familienkreis. Ihr Vater arbeitet lange für einen Pharma- und Pestizidkonzern. Katharina verschweigt Freunden häufig, wo er tätig ist, weil es ihr unangenehm ist. Sie streitet mit ihm, diskutiert – und lernt auch, dass man Menschen in der eigenen Umgebung haben kann, die man schätzt, auch wenn sie anderer Meinung sind als man selbst. Mittlerweile macht Rogenhofers Papa übrigens etwas anderes – er vertreibt ein biologisches Pflanzenschutzmittel und begleitet seine Tochter auf alle Klimademos. „Wir haben uns einander angenähert." Katharina lacht.

Es ist total angenehm, sich mit Katharina zu unterhalten. Nicht nur, weil sie mir völlig offen begegnet, sondern auch weil sie so eine warme Ausstrahlung hat und sich genauso klar und ruhig artikuliert wie schon drei Jahre zuvor bei unserem ersten Treffen. Eigentlich passt der Aktivismus gar nicht richtig zu ihr, denke ich mir, als ich sie so anschaue. Man stellt sich Aktivist:innen immer ein bisschen lauter vor, krawalliger, auffälliger. Katharina lacht. „Ich war nie ein politischer Mensch", sagt sie. „Die Klimakrise hat mich politisiert. Und ja, der Aktivismus entspricht mir eigentlich gar nicht. Ich arbeite mich eigentlich lieber ganz akribisch in Themen ein, forsche, stelle Fragen, mache eine leise Arbeit. Fernab vom ganzen Wirbel – am liebsten in der Natur, weit weg von Menschen."

Das ist also das genaue Gegenteil von dem, was sie jetzt tut. Unter Menschenmassen bei Demos fühlt sie sich schnell unwohl. Smalltalk überfordert sie. Manchmal, sagt sie, verschwinde sie bei Veranstaltungen auf die Toilette und frage sich dann, wie lange sie dort sitzen kann, ohne dass es auffällt. Vorträge? Sind okay, solange sie von ihren Zuhörer:innen „getrennt" ist; wie im Theater würde sie am Ende am liebsten abgehen. Wenn danach Menschen mit ihr reden wollen, sei das für sie zwar unglaublich bereichernd, aber gleichzeitig sei es schwierig, mit all den Ansprüchen umzugehen, die auf sie einprasseln. Ähnlich geht es ihr da auch beim Telefonieren. Ihr Handy läute permanent, dabei kommuniziert sie lieber über Nachrichten. Und auch von denen bekommt sie immer mehr, da sind auch einige Hassnachrichten dabei.

Erst wenige Tage vor unserem Gespräch hat die türkisgrüne Regierung die große ökosoziale Steuerreform beschlossen. Wer als Expertin dazu angerufen wird? Katharina Rogenhofer. 15 Interviews hat sie zu diesem Thema an einem einzigen Tag gegeben. Und während andere Leute ein ganzes

Team oder Politiker einen ganzen Klub hinter sich haben, organisiert sie sich alles selbst, checkt ihre Termine, recherchiert und bereitet sich auf Interviews und Vorträge vor.

Eine Pause gönnt sich Katharina auch bei unserem Gespräch nicht. Dauernd erreichbar zu sein, sich ständig zu engagieren, ständig in Konflikt gehen, Kompromisse finden, Lösungen suchen, sich im Netz als Bobo-Stadtkind, Sozialschmarotzerin oder Berufsdemonstrantin beschimpfen zu lassen – das muss doch irrsinnig aufreibend sein? Kommt man da nie an einen Punkt, an dem man sich denkt: Ich mag nicht mehr? Das ist mir alles zu mühsam?

Ich glaube, ich selbst könnte so einem Druck nicht standhalten. Und auch Katharina sagt mir, dass sie zu ihrem eigenen Leistungs- und Engagementwillen ein zwiespältiges Verhältnis habe. „Einerseits bin ich natürlich froh, dass ich immer so viele Dinge geschafft habe, mich aus meiner Komfortzone getraut und einen Weg gegangen bin, der mit viel Mut abgerungen hat – sonst wäre ich vermutlich nicht da, wo ich heute bin. Gleichzeitig hätte ich meinem jüngeren Ich auch gerne empfohlen, mal abzuschalten und zu chillen", erzählt sie und klingt dabei ein bisschen erschöpft. „Mein ganzes Leben lang begleitet mich die Geschäftigkeit, der Stress – ich mache immer hundert Dinge gleichzeitig. Ich glaube, ich hätte gerne früher gelernt, auch mal Ruhe zu geben, auf mich selbst zu schauen, auch für mich da zu sein." Ich schenke uns noch Tee nach und hole noch ein paar Pistazien.

Katharina fährt sich durch ihre Locken und erzählt dann etwas, womit ich überhaupt nicht rechne, was mich ein bisschen überfordert, weil ich nicht weiß, wie ich darauf reagieren soll. Sie tut das mit derselben ruhigen Stimme und Offenheit, mit der sie sich seit bald zwei Stunden mit mir unterhält.

Vor zwei Jahren sei sie in eine sehr schwere Lebensphase gerutscht; die Last auf ihren Schultern habe sich nach einem Jahr Klimabewegung angefühlt, als würde sie sie zu Boden drücken. Ihr Engagement gegen die Klimakrise, ein Problem, das sich für sie existenziell anfühlt und ihr im Nacken sitzt; die damit verbundene Öffentlichkeit, der Stress, die vielen Termine und eine toxische Beziehung – irgendwann wurde ihr das alles zu viel. „Der Druck war enorm, vor allem als ich Sprecherin des Klimavolksbegehrens wurde. Das war so ein Politikum, und mir wurde von allen Seiten das Gefühl vermittelt, dass die ganze Klimabewegung gebremst wird, wenn das ein Flop wird, aber anfangs wollte auch keine der großen Organisationen mitanpacken, um es nicht so weit kommen zu lassen. Ich habe mich zu dieser Zeit auch ziemlich alleine gefühlt."

Immer wieder passiere es ihr, dass sie sich zu viel auflade, sagt sie. Sie schenke sich selbst kaum Aufmerksamkeit, gehe hart mit sich ins Gericht, oft zu hart, und erlaube sich keine Pausen. Katharina meint, sie habe das einfach nie gelernt und empfinde es als egoistisch, sich für sich selbst Raum zu nehmen in einer Welt, die vielleicht zusammenbricht.

Muss man sich als Weltretterin nicht auch von all den Weltproblemen und den Miseren der anderen abgrenzen? Schon, aber das gelinge ihr nicht gut. Katharina funktioniert trotzdem immer. Verpasst keinen ihrer Termine, gibt

Interviews und hält Vorträge auch, wenn sie sich nach langen Tagen manchmal spätabends in den Schlaf weint oder in der Früh wie paralysiert im Bett liegt und kaum aufkommt.

Ich erinnere mich bei Katharinas Erzählungen an einen Artikel über hochfunktionale Depressionen, den ich einmal in einer Zeitschrift gelesen habe. Betroffene meistern ihren Alltag effizient wie immer, fühlen sich aber innerlich leer und ausgebrannt. „Ich habe diese konkrete Diagnose zwar nie bekommen, aber das beschreibt sehr gut, wie ich mich lange gefühlt habe", sagt Katharina. Ganz habe sie sich auch noch nicht aus diesem Zustand herausgekämpft, sagt sie, aber es werde besser.

Was ist es eigentlich, was sie so antreibt? „Darauf habe ich keine abschließende Antwort. Es ist schon die Angst vor der Zukunft, auf die wir zusteuern, wenn wir nicht bald handeln. Wenige Menschen können sich das vorstellen – das wird Armut, Krieg und Flucht bedeuten. Wir werden auf alles verzichten müssen, was wir jetzt Alltag nennen. Aber was mich wirklich antreibt, ist die Gewissheit, dass wir es schaffen können, stattdessen eine bessere, gesündere, lebenswertere Welt zu gestalten. Aber dazu haben wir nicht mehr viel Zeit. Und das, was ich tun kann, um ein Umdenken zu erzeugen, ist, Aufmerksamkeit auf die Klimakrise und die unzureichende politische Antwort zu lenken und die Öffentlichkeit auch zu nutzen. Ich muss jetzt einen Impact haben, sonst ist es zu spät."

Und dann blitzt doch ein wenig die krawallige Aktivistin durch: „Manchmal, wenn ich das Gefühl habe, es geht überhaupt nichts weiter, würde ich am liebsten alles anzünden. Aber man muss ja verträglich bleiben", sagt sie grinsend. „Natürlich meine ich das nicht ganz ernst, aber es ist schon frustrierend, wie konsequent viele Menschen in Entscheidungspositionen die Dringlichkeit der Klimakrise ignorieren und damit unsere Zukunft in den Sand setzen." Gepusht wird Katharina aber auch von Menschen, die ihr schreiben, die sich bei ihr bedanken, die ihre Meinung hören wollen und auch schätzen. Der Gedanke, dass sie andere Menschen bewegt, gibt ihr Kraft.

„Ich habe mich selbst oft gefragt: ‚Warum gibst du nicht einfach mehr Dinge ab?' Ich kann grundsätzlich schon delegieren, aber nur dann, wenn ich auch das Gefühl habe, es gibt die richtigen Personen für die Aufgaben. Und wenn ich das nicht habe, mache ich halt selbst weiter, obwohl ich merke, dass mir das nicht guttut." Eigene Ansprüche hinunterschrauben? Das würde in der Theorie immer recht einfach klingen, sagt sie. Aber nur in der Theorie.

Die Wochen nach unserem Gespräch will Katharina Rogenhofer jedenfalls einmal für sich nutzen – sie hat sich freigenommen. Um runterzukommen und sich zu ordnen. Ob sie auch in den nächsten Jahren noch Teil der Klimabewegung sein wird, diese Frage kann sie für sich allerdings gerade nicht beantworten.

Es sind mehr als zwei Stunden vergangen, während des Gesprächs haben wir irgendwann von Tee zu Wein gewechselt. Katharina bricht jetzt auf, sie muss morgen früh raus. Es warten Interviews, Vorträge und Diskussionen. Ihr ganz normaler Alltag eben.

Ein paar Wochen später checke ich die Nachrichten und sehe, dass Katharina Rogenhofer für ihr Engagement als Österreicherin des Jahres ausgezeichnet wurde. Ich freue mich für sie und schicke ihr eine kurze Nachricht. „Danke <3" schreibt sie mir prompt zurück. Ich frage mich, was diese Auszeichnung mit einem so bescheidenen Menschen wie Katharina macht. Ich denke, dass sie Zuspruch gerade gut gebrauchen kann. Eine Anerkennung, die ihr sagt: Hey, das, was du tust, ist sinnvoll. Ich hoffe, dass ihr das ein bisschen Druck von den Schultern nimmt, dass sie auf dieser Veranstaltung nicht zu viel Smalltalk führen musste und dass sie sich heute Abend vor dem Schlafengehen in den Spiegel schaut und sich sagt: „Ich bin stolz auf dich. Du bist gut so, wie du bist."

Dieser Schritt hat mich Mut gekostet:
mich kompetent genug dafür zu fühlen,
den Schritt in die Öffentlichkeit zu machen,
laut zu sein und meine Meinung zu sagen

Das bereue ich:
nicht genug auf mich selbst geschaut zu haben

**Diese Eigenschaft hatte ich vor
zehn Jahren noch nicht:**
zu sehen, dass alle Eigenschaften zwei Seiten
haben, dass extremer Ehrgeiz und Leistungsdruck
damit einhergehen, sich selbst zu vergessen

Das finde ich an mir richtig gut:
Ich glaube, ich kann sehr gut und differenziert
zuhören und Dinge formulieren und dann
daraus neue Gedanken formen

Und das weniger:
Ich finde es nicht so gut, dass ich es
nur ganz schwer schaffe, mir Raum
zu nehmen, ohne zu denken: Ich bin
egoistisch und dafür ist keine Zeit

Yasmin
Hafedh

„DA MÖCHTE ICH
DANN MANCHMAL
GERNE SAGEN:
GUT FÜR DICH,
WEISSER CIS DUDE,
DASS DU DIESE
PRIVILEGIEN HAST,
ABER GÖNN SIE
DEN ANDEREN HALT
AUCH."

Yasmin Hafedh aka Yasmo steht auf der Bühne, seit sie 15 ist, und zählt heute zu den bekanntesten deutschsprachigen Slam-Poetinnen der Szene. Sie ist außerdem Teil des Vereins Slam Alphas, der sich zum Ziel gesetzt hat, Frauen in der Branche zu stärken.

YASMIN HAFEDH aka Yasmo steht vor einem roten Hintergrund auf der schwarzen Bühne des Wiener Volkstheaters, sie trägt eine goldene Glitzerpaillettenjacke über ihrem schwarzen Hosenanzug und goldene Sneakers dazu – und der Moment, der gleich folgt, verträgt Glitzer, definitiv, und am besten ganz viel davon. Im Publikum sind die Menschen von ihren Sitzen aufgestanden und bewegen sich zum Rhythmus der Trompeten und Yasmos Worten – alles Musiker:innen, Journalist:innen und Menschen, die in der Musikbranche arbeiten, wir befinden uns bei der Österreichischen Musikpreisverleihung „Amadeus Awards". „Girls just wanna have fun und gleiche Rechte und gleiche Bezahlung, ist das wirklich zu viel verlangt? Girls just wanna have fun, pack dein Ego an der Nase und fangen wir von vorne an", rappt Yasmo, immer wieder setzen die Bläser ein – und dann geht es auch schon weiter mit Zeilen wie: „Meinungsbildung über Frauen findet im Patriarchat statt und ja, ich bin genervt, wenn du das nie hinterfragt hast", nur um dann als Nächstes Johanna Dohnal zu zitieren, die erste österreichische Frauenministerin von 1990 bis 1995: „Aus taktischen Gründen leise zu treten, hat sich noch immer als Fehler erwiesen."

Bevor ihr Auftritt zu Ende ist, kommen zwanzig weitere Musikerinnen auf die Bühne – Yasmo zählt all ihre Namen auf und sagt dann: „Wir sind nur ein kleiner Bruchteil der Musikerinnen, die es hier in unserem Land gibt. Wir sind vielseitig. Wir sind unterschiedlich, und vor allem sind wir da. Man kann uns nicht übersehen. Girls just wanna have fundamental rights. Also brechen wir aus alten Mustern aus, schauen wir uns um, wechseln wir die Perspektive. Wir sind da, wir sind solidarisch – und: Wir sind viele."

Dem Auftritt folgen minutenlange Standing Ovations – ich kann mich noch genau erinnern, wie sich während Yasmos Auftritt und dem Applaus danach die Haare auf meinen Armen aufstellen – dieser Moment hat mich ziemlich umgehauen. Endlich stellt sich jemand auf die Bühne und fordert mehr Sichtbarkeit und Gleichberechtigung für Frauen in der Musikbranche, so deutlich hat das bis dato noch niemand gemacht.

Seither sind drei Jahre vergangen, die Amadeus Awards sind zwar leider nicht viel diverser als damals, aber zumindest spricht man im heimischen Musikbusiness mittlerweile gewisse Schieflagen deutlicher an, sagt Yasmo aka Yasmin Hafedh bei unserem Gespräch wenige Tage vor Weihnachten. Wir haben uns für das Interview kurzfristig via Zoom verabredet – Hafedh sitzt vor der Bücherwand ihrer Wohnung im achten Wiener Gemeindebezirk und raucht E-Zigarette, ich sitze im Schneidersitz auf meiner Couch.

Von welchen Schieflagen sie genau spricht? Beispielsweise wenn Festivalveranstalter nur Männer für Auftritte buchen – das ginge sich jetzt einfach nicht mehr ganz aus. Und genau hier setzt auch die Musikerin mit ihrer Kritik an: „Man muss Festivalveranstalter in die Pflicht nehmen, ihr Line-up diverser aufzustellen." Vor allem weil sich damit auch die Verteilung und die Machtstrukturen verändern würden, die momentan immer noch zugunsten weißer cis Männer anfallen würden, sagt Yasmo. „Da steht zwar kein Bösewicht dahinter und sagt: Ich werde diesen Feminismus vernichten, aber Veranstalter denken wirtschaftlich – heißt also, sie buchen Bands, die das Potenzial bringen, dass ihre Tickets verkauft werden. Nur: Wenn man nie PoC-Künstler:innen oder FLINTA* bucht, dann werden die auch nie sichtbarer werden; die, die es dann bleiben, sind die, die es eh schon immer sind: weiße cis Dudes." Die Ausrede, die sie auch selbst immer wieder hört, dass Festivals mit einem diverseren Line-up und vielleicht einem Quoten-cis-Mann nicht ausverkauft werden würden, lässt Hafedh nicht gelten. „Vor zehn Jahren wäre ein Festival mit einem rein weiblichen Line-up eher nicht ausverkauft gewesen, das stimmt wohl, aber mittlerweile gibt es ein Umdenken, und der Festivalplaner würde sein Festival auch ausverkaufen, wenn es divers wäre – er macht es aber nicht, weil er auf Nummer sicher gehen will." Und hier schließe sich der Kreis, meint Yasmo – dann dahinter stehe eine ganze Machtstruktur, die sich etabliert habe – und somit fehle es an Plattformen und in weiterer Folge an Repräsentation diverser Künstler:innen.

Wenn Yasmin Hafedh die Ist-Situation der Musikbranche analysiert, weiß sie ganz genau, wovon sie spricht – sie ist ja schon ihr halbes Leben Teil des Business, weil sie, seit sie 16 ist, auf der Bühne steht.

Ich selbst bin vor einigen Jahren auf Yasmo aufmerksam geworden, habe ein paar ihrer Konzerte besucht und sie einige Male interviewt. Sie ist momentan Österreichs bekannteste und erfolgreichste Slam-Poetin, die sich eben schon als Teenager einen Namen in dieser sehr männerdominierten Branche gemacht hat.

Aber gehen wir zurück an den Anfang, ins Jahr 2005 – für mich ein Jahr zwischen ziemlicher Orientierungslosigkeit einerseits und irgendwie doch hoher Erwartungshaltung, was das Leben nach der Matura nun bereithalten würde; Yasmo ist im Jahr 2005 gerade 15 und beginnt zu malen, abstrakte Kunst, erst mit Öl, dann mit Graphit. Lange Zeit verbindet sie Kunst nur mit Malerei – aber nicht mit Musik oder Literatur. Es ist auch das Jahr, in dem sie Friedrich Schiller für sich entdeckt, aber eigentlich mehr zufällig, und schuld daran ist Matthias Schweighöfer – ähm, ja, echt. Weil sie damals einen „harten Crush" auf den deutschen Schauspieler hat und weil im Öffentlich-Rechtlichen ein Film zum 200. Todestag Schillers gezeigt wird, in dem Schweighöfer die Hauptrolle spielt, sieht sie sich den Film an. „Ich war total beeindruckt, weil Schiller als jemand dargestellt wurde, der von nichts kommt und heimlich neben der Militärschule Stücke schreibt, die ein Erfolg werden." Einen ganzen Sommer lang tut Yasmin Hafedh nichts anderes, als sich mit Literatur zum Dichter und dessen eigener auseinanderzusetzen.

Im darauffolgenden Herbst bringt das Wiener Volkstheater unter seinem damaligen neuen Direktor Michael Schottenberg „Die Räuber" – einen Schiller-Klassiker – in einer Inszenierung von Nuran David Calis auf die Bühne. Über die Eltern einer Mitschülerin bekommt Yasmin Hafedh eine Premierenkarte – und verpasst danach keine Vorstellung mehr, weil sie sich um 3,60 Euro für jede Aufführung Stehplatzkarten besorgt. Regisseur Calis ist Schiller-Experte – ähnlich wie Yasmo hat auch er im Teenie-Alter den deutschen Dichter für sich entdeckt, wie er in diversen Interviews erzählt. Seine „Räuber" werden in Wien zur Hip-Hop-Inszenierung, mit fetten Beats, Lichtshow, Breakdance und Beatbox. Um Yasmin Hafedh ist es geschehen: „Das hat mich umgehauen", sagt sie heute.

Sie beginnt daraufhin zu schreiben, macht sich die Welt und was in ihr geschieht über ihre eigenen Worte, ihre eigene Lyrik begreifbar – reicht ihre Texte bei Gedichtwettbewerben ein, bis sie Preise gewinnt und merkt: Wow, das wollen die Leute wirklich lesen, meine Texte, die Texte vom „Hacklerkind" *(Dialekt für Arbeiterkind, Anm.)*, wie sie sich selbst bezeichnet, kommen bei anderen an, treffen einen Nerv, berühren. Yasmin Hafedh erarbeitet sich diesen Kosmos rund um Gedichte, Wettbewerbe und alles, was dazugehört, selbst – bis zu diesem Zeitpunkt war ihr diese Welt in ihrem Alltag fremd.

Eine Freundin der Mutter, Irmi, nimmt sie zwar regelmäßig mit in Konzerte, zum Beispiel im Wiener Konzerthaus, aber sonst ist für Kultur wenig Platz – ihre Mutter führt einen Friseursalon, ihr Vater arbeitet als Koch und Kellner, später trennen sich ihre Eltern, Yasmin Hafedh wächst bei ihrer Mutter auf, es bleibt wenig Zeit und Geld, um nebenher noch ins Theater oder die Oper zu gehen.

Mit einer alleinerziehenden, selbstständigen und sehr selbstbewussten Mutter, die sich nie in klassische Rollenbilder drängen hat lassen, wird Yasmin Hafedh Feminismus täglich vorgelebt. „Ich habe halt schon sehr früh gesehen, dass sie sich auch nichts sagen hat lassen, sie hat mich schon früh zum Selbstständigsein erzogen und mir immer das Gefühl gegeben, dass es ganz normal ist, dass Frauen und Männer dasselbe können und auch machen."

Hafedh fühlt sich mit diesem Mindset gut gewappnet – und das ist dann doch wichtig, denn die heimische Poetry-Szene, die sie mit 16 für sich entdeckt, ist im Jahr 2006 noch nicht ganz so weit in Sachen Feminismus, wie sie es vielleicht sein könnte – obwohl die österreichische Szene dank Pionier:innen wie Mieze Medusa *(die Autorin und Rapperin ist die Pionierin der österreichischen Poetry-Slam-Szene, Anm.)* im Vergleich zum restlichen deutschsprachigen Raum definitiv etablierter ist.

Weil ihr die „Räuber"-Aufführung aus dem Volkstheater nicht mehr aus dem Sinn geht, hält sie in der Schule ein Referat über Hip-Hop, während ihrer Recherche wird sie auf die Slam-Szene aufmerksam, führt Interviews und Gespräche. Sie muss lachen, als sie sich in unserem Gespräch daran erinnert, wie naiv sie damals gefragt hat, ob da „wirklich jeder einfach mit seinen Texten hinkommen kann? Und ob man da wirklich keine Ausbildung haben muss?" Sie sieht sich eine Show an, lernt Mieze Medusa kennen, stellt sich zum ersten Mal selbst auf eine Bühne. Mit ihren ersten Texten formt sie ihre feministische und politische Stimme – „anfangs war da aber noch sehr viel Weltschmerz, ‚Fuck the Government, Fuck the System und den bösen Kapitalismus' dabei." An ihren ersten Auftritt erinnert sie sich immer noch ganz genau: „Absolute Nervosität. Man durfte damals noch entscheiden, ob man steht oder sitzt – ich habe mich fürs Sitzen entschieden – vor dem Publikum hätte ich mich am liebsten versteckt." Und dann geht alles ganz schnell: Sie nimmt an Meisterschaften in Österreich und Deutschland teil, reist nach Berlin, macht sich einen Namen, gewinnt mit 19 als erste Österreicherin die deutschsprachigen U-20-Poetry-Slam-Meisterschaften.

Während sie sich also die Slam-Welt Stück für Stück erobert, macht sie auch Bekanntschaft mit der Welt des Sexismus – der ist Yasmin Hafedh bis zu diesem Zeitpunkt fremd. Schließlich hat sie von ihrer Mutter bis dato immer wieder gehört, dass Frauen genauso wie Männer alles machen und erreichen können, was sie möchten – gleichwertig und gleichberechtigt. Mit dem Schritt in die Slam- und Rap-Szene ändert sich das – es gibt auch wohl kaum eine Sparte im Musikbusiness, wo das Geschlechterverhältnis so deutlich zugunsten der Männer ausfällt wie hier. „Mach das doch mal ein bisschen anders" oder „willst du es nicht mal mit Liebeslyrik probieren?", hört sie von männlichen Kollegen damals immer wieder, weil sie glauben, ihr erklären zu müssen, wie sie es besser machen soll. „Es ist schon eine seltsame Situation, wenn dir von außen ständig herangetragen wird, dass du eigentlich falsch bist, aber selbst gar nicht draufkommst, dass du das sein könntest. Warum auch? Ich kannte dieses Gefühl bis dato eigentlich nicht und habe ja auch zu Hause mitbekommen, dass Frauen genauso wie Männer alles schaffen und sein können, was sie möchten. Es gab also eine gewisse Ignoranz gegenüber diesem Thema, was aber bis zu diesem Zeitpunkt auch gut war."

Hafedh tritt relativ bald nach ihren ersten Shows auch in Deutschland auf und erzählt, dass ihr diese Haltung „sie ist hier als junge Frau nicht richtig" viel eher entgegenschlägt als in Österreich. „In Deutschland war ich bei Auftritten entweder die, die hinter der Bühne gefragt wurde, von welchem Typen ich die Freundin bin, oder ich war die Quotenfrau." Eine Frau, die sich traut, unter all den Männern – dieses Narrativ, sagt Yasmin Hafedh, sei dort ständig bedient und extra betont worden. „In Österreich", sagt Yasmin, „haben Mieze Medusa und ihr Mann sehr viel unbezahlte Aufklärungsarbeit geleistet – was Frauen, Feminismus und Gleichberechtigung in der Branche betrifft." Wer Quotenfrau ist, ist auch die einzige im Line-up, das ist etwas, was Yasmin schnell merkt – sie vernetzt sich zwar mit einigen anderen Slam-Poetinnen, aber zu Gesicht bekommt sie sie bei Gigs irgendwie nie. Denn: Es reicht ja eine Frau im Line-up. Dementsprechend selten sind Frauen gemeinsam auf Tour.

Aus diesem Grund schließt sie sich vor einigen Jahren den „Slam Alphas" an, einem Verein mit Hauptsitz in Wien, der sich um das Sichtbarmachen von Poetry-Slammerinnen im deutschen Sprachraum bemüht. „Da haben wir dann angefangen, Moderationsempfehlungen auszuschicken oder auf einer Karte eingetragen, wo genau Slam-Poetinnen wohnen, um so Veranstalter auch auf Künstler:innen in ihrer Nähe hinzuweisen."

„Braucht man sowas überhaupt? Einen Verein zur Sichtbarmachung von Frauen? Wozu? Das ist doch nicht notwendig? Warum macht ihr das überhaupt?" Yasmin Hafedh ist schon ein bisschen überrascht, als sie damals mit Fragen wie diesen konfrontiert wird – und ich bin es auch, als sie mir von diesen Reaktionen erzählt, schließlich hätte ich die Slam- und Rap-Szene eher als woke, linke Bubble gesehen und keine, in der Kollegen untereinander Bedenken äußern, wenn sich ein Verein gründet, der Frauen fördert. Aber auch hier gibt es offenbar Menschen, die Angst um gewisse Privilegien haben – oder wie erklärt sich Yasmin diese Rückmeldungen? „Es ist wahrscheinlich genau das – offenbar setzt bei vielen Menschen Unsicherheit ein, nicht mehr oft genug gebucht zu werden. Ich selbst kann dieses Gefühl ja gar nicht nachvollziehen. Ein Beispiel: Würde sich jetzt ein Verein gründen, der ausschließlich Migrant:innen im Rap fördern würde, dann ist nicht das erste Gefühl, dass ich Bedrohung empfinde und mir denke: Oh Gott, was mache ich jetzt? Sondern ich denke mir: ,Ja, geil‘ und dann spende ich wahrscheinlich noch einen Mitgliedsbeitrag.“

Ich frage erst mich und dann Yasmin Hafedh, ob diese Einstellung daher rührt, dass man selbst nicht so viele Privilegien hatte, dass man selbst weiß, wie es ist, struggeln zu müssen und sich seinen Platz erst erkämpfen musste. „Darüber habe ich auch schon oft nachgedacht, und ja, vielleicht kommt es daher, dass sich vor allem weiße cis Dudes selten Privilegien selbst erarbeiten mussten, weil sie sie in den meisten Fällen schon hatten. Da möchte ich dann manchmal gerne sagen: Gut für dich, weißer cis Dude, dass du diese Privilegien hast, aber gönn sie den anderen halt auch.“

Ich frage Yasmin Hafedh, ob sie denkt, dass Feminismus an sich vielleicht immer noch falsch verstanden werde, immer noch als eine Art Kampf der Geschlechter gesehen wird, der Männer exkludieren will. Hafedh bejaht. „Dabei will Feminismus genau das Gegenteil, nämlich alle inkludieren und dafür sorgen, dass die Menschheit an sich besser und gleichgestellter leben kann." Und damit das möglich sei, sagt sie, müsse man auch darauf achten, dass diese Palette und Diversität von Menschen auch auf der Bühne abgebildet werde. Wir sprechen über Identifikationspotenzial – und darüber, wie wichtig es ist, weil man sonst irgendwann „nur mehr Konzerte für die linke Bubble, also für die Kids wohlhabender Bobo-Eltern macht" – und Yasmin Hafedh erinnert sich ein paar Jahre zurück, als sie selbst noch jünger war, und dass es damals fast keine Role Models für sie gab.

Dabei meint sie aber gar nicht ihren Migrationshintergrund – ihr Vater kommt aus Tunesien und hat ihre Mutter kennengelernt, als sie in Djerba Urlaub machte, der Liebe wegen kam er nach Österreich – Hafedh wird außerdem meistens *weiß* gelesen, sie spricht damit eher ihren sozialen Status an. „Wo waren die Hacklerkinder damals auf der Bühne – und wo sind sie heute?", fragt sie in die Kamera ihres Laptops.

Ich erinnere mich an mein Gespräch mit Mithu Sanyal für dieses Buch, die mir erzählt hat, dass sie sich manchmal immer noch fragt, ob sie eigentlich das Recht hat, da zu sein, wo sie heute ist. Ob Yasmo das auch kenne? „Ja. Ich habe jahrelang damit gekämpft, mich ‚Musikerin' zu nennen, weil ich nicht richtig Noten lesen kann und kein Instrument spiele – weil das Geld dafür einfach nicht da war."
Hafedh erzählt, wie sie, das „Hacklerkind", jahrelang immer mehr Bücher liest als die anderen, immer mehr Fremdwörter lernt, damit nicht auffällt, dass sie aus einer anderen

gesellschaftlichen Klasse kommt. „Anders hätte ich mich auch gar nicht in diese Kreise getraut. Nur irgendwann habe ich gemerkt: Die anderen, die hier mit mir sitzen, kommen aus einer anderen Schicht, aus der, wo genug Geld da ist, wo man nicht jedes Buch extra lesen muss, jeden Meter doppelt gehen muss. Und eigentlich bin ich hier gerade die Gebildetste im Raum – also so funktioniert das. Das war ziemlich ernüchternd." Hafedh ist es wichtig, diese Geschichte zu erzählen, denn gerade in der Kunst- und Kulturbranche gäbe es genügend Arbeiterkinder, die sich aber aus falscher Scham heraus nicht trauen würden, von ihrem Background zu erzählen.

Hafedh weiß um ihre Verantwortung als Künstler:in, sieht sich aber selbst nicht als Role Model, weil sie eigentlich nur das laut aussprechen würde, was sie denke. Sie selbst könne als Künstler:in nie unpolitisch sein oder zu gesellschaftspolitisch relevanten Themen schweigen, weder als Yasmin noch als Yasmo, einfach weil sie ein politischer Mensch sei. Das, was sie macht, würde sie eher als Aufklärungsarbeit bezeichnen. Und natürlich will sie an den Verhältnissen rütteln, um sie mitzugestalten und sie zu verändern; Zeichen setzen, so wie damals beim Amadeus Award 2018. „Und das ist einer meiner Hauptantriebe."

Das glaubt niemand von mir:
Ich kann auch schimpfen

Dieser Schritt hat mich Mut gekostet:
der Schritt auf die Bühne

Wäre ich Bundeskanzlerin, würde ich:
ein Frauenministerium einrichten, das sich auch
wirklich um die Bedürfnisse von Frauen kümmert
und jemanden als Frauenminister:in vorschlagen,
die sich auch als Feministin bezeichnet

Das finde ich an mir richtig gut:
Ich kann Zusammenhänge erkennen und
formulieren

Das regt mich auf:
Patriarchat

Sinah
Edhofer

„DIESES INSTINKT-GEHABE GEHT MIR AUF DIE NERVEN. DIESES: DAS IST IN JEDER FRAU DRINNEN, DASS SIE KINDER HABEN WILL. DAS STIMMT EINFACH NICHT."

Sinah Edhofer ist Journalistin, Podcasterin, Autorin und Musikerin. Sie schreibt für das Magazin *News* und hostet den Podcast „Couchgeflüster", bei dem sich alles um Frauenkörper dreht – von der Periode bis zum Sex. Mehr als eine Million Menschen hören ihr und ihrer Kollegin Leonie-Rachel Soyel zu.

VIELLEICHT SOLLTE MAN, bevor man diesen Text liest, wissen, dass Sinah eine gute Freundin von mir ist. Ich kenne sie seit vielen Jahren – wir haben ein Jahr lang gleichzeitig für dasselbe Magazin geschrieben und uns ein Büro geteilt, waren gemeinsam aus, haben gefeiert, getrunken, geraucht, gelacht. Wir haben uns von unseren Beziehungen und Dates erzählt, von den schönen und weniger schönen, haben über unser Frausein gesprochen mit allem, was dazugehört, oder darüber diskutiert, wie sexistisch und frauenfeindlich die Medienbranche oft sein kann. Der Branche sind wir beide trotzdem treu geblieben, wenn auch bei unterschiedlichen Magazinen – und Sinah hat sich mit ihrem Podcast „Couchgeflüster" noch ein zweites Standbein geschaffen, dort redet sie gemeinsam mit der Bloggerin Leonie-Rachel Soyel über das Frausein, wie es wirklich ist.

Aber noch bevor ich Sinah persönlich kennengelernt habe, habe ich von ihr gelesen. Im Jänner 2015 geht einer ihrer Beiträge auf ihrem Blog „The Black Shirt Blog" viral. Sinah studiert damals noch Publizistik- und Kommunikationswissenschaften an der Uni Wien. Der Artikel, den Sinah damals veröffentlicht, thematisiert den Druck, unter dem junge Menschen stehen, möglichst rasch ihr Studium zu absolvieren, um so schnell wie möglich im Job Fuß zu fassen und die Karriereleiter hochzuklettern. Sie schreibt in dem Beitrag auch über die prekären Arbeitsbedingungen für junge Menschen in der Medienbranche, die neben der Uni Vollzeit arbeiten, um Erfahrung durch Praktika zu sammeln – für ein Gehalt von vielleicht 700 Euro (und das ist im Vergleich schon viel) – oder wie Sinah es damals beschreibt: Bei „Unternehmen, die die Leute Vollzeit für ein Arschloch-Drecks-Praktikumsgehalt arbeiten lassen und dann noch erwarten, dass man schön lächelt und Danke sagt. Ja, danke für nichts nämlich."

Den Blogbeitrag klicken damals rund eine Million Menschen, die sich von Sinahs Worten abgeholt fühlen; sie gibt Interviews in österreichischen Medien, aber auch in Deutschland – dort ist die Situation ja nicht anders.

Sinah nennt die Dinge beim Namen, das hat sie damals schon getan, und das tut sie heute noch. Ich habe sie schon mit 23 Jahren als extrem kluge, selbstbewusste, scharfsinnige Frau und Diskussionspartnerin erlebt; als Menschen, der sich aufregt, der viele Dinge nicht so hinnehmen will, wie sie sind, und das auch klar und deutlich artikuliert. Ich kenne sie als Frau, die das, was sie möchte, auch durchzieht – und das imponiert mir sehr.

Weniger gut fand man das aber manchmal dort, wo Sinah herkommt, nämlich in einem kleinen Ort in der Nähe von Braunau – die oberösterreichische Kleinstadt ist vor allem für ihre rechte Szene in Österreich bekannt, also nicht unbedingt ein Ort, wo man kosmopolitisches Denken verortet. Sie ist eine Jugendliche, die gerne aufbegehrt, Eltern ihrer Freund:innen fragt sie zwischen getrimmtem Vorstadtrasen und Familienhausidylle als Teenie-Mädchen schon mal, warum sie hier eigentlich so verklemmt seien, und sorgt für betroffene Gesichter. Sinah lacht heute über ihre Kleinstadtrevolution: „Stimmt schon, ich war ein bisschen ein Troublemaker."

Es ist Ende September 2021, wir sitzen schon wieder oder immer noch in einem Lockdown, wer kann das schon so genau sagen, Sinah und ich haben uns zu einer Flasche Wein via Zoom verabredet. Wir reden über Sexismus und unsere ersten Erfahrungen damit – ich mache sie im Teenie-Alter, Sinah geht es genauso. Sie erinnert sich an den Bandcontest, den sie gewinnt, als sie 15 ist – die ganze Stadt hat aber nur ein einziges Thema, das nach diesem Event für Gesprächsstoff sorgt: Die „freche" Sinah in ihrem Mini-Schottenrock auf der Bühne. „Dass ich als junges Mädchen gerade diesen Contest gewonnen hatte, war völlig egal." Als Sexismus benennen kann sie diese Erfahrung damals freilich nicht, „aber ich weiß noch heute, dass sich das schon damals schon richtig komisch und unangenehm für mich angefühlt hat."

Ungefähr im gleichen Alter kommt sie mit Feminismus in Berührung, mit zwölf oder 13 Jahren entdeckt sie Simone de Beauvoir für sich. „Ich habe eines ihrer Bücher aus dem Bücherregal bei uns zu Hause gefischt. Auch wenn es schwierig zu lesen war, waren das so die ersten feministischen Ideen, mit denen ich konfrontiert war und mit denen ich etwas anfangen konnte."

Das Buch gehört ihrer Mutter, sie ist die Feministin in der Familie. „Ich glaube aber, sie ist sich gar nicht im Klaren darüber, dass sie diesbezüglich mein Vorbild ist. Sie hat mir immer gesagt, dass ich alles erreichen kann, was ich will – genau wie Männer." Und auch das Thema Frausein wird in Sinahs Elternhaus offen gehandhabt. Der weibliche Körper ist nichts, woraus man ein großes Geheimnis machen muss. Oder gar etwas, wofür man sich schämen müsste. „Da gab es nie ein: Du bist ein Mädchen, greif dich da nicht an. Da war alles ganz natürlich. Mädchen pupsen genauso wie Jungs und haben die gleichen Ausscheidungsorgane wie sie. Auch was die Periode oder Sex betrifft, habe ich sämtliche Aufklärung von meiner Mutter erfahren. Das hat eine Art von Bonding und Verbindung geschaffen." Bis heute sei ihre Mutter ihr „Number One Consultant", wenn Sinah Austausch sucht.

Der große Unterschied zu dem, wie sie zu Hause aufwächst und der Welt draußen ist dann allerdings gravierend. Mann, Kinder, Haus – und das am besten schon mit 20, die Regeln auf dem Land sind klar definiert und gnadenlos – und wenig feministisch. Wer dem nicht so ganz entspricht, wird mit spätestens Mitte 20 schon mal gefragt, wann denn jetzt endlich ein fester Freund zu Weihnachten mit nach Hause kommt, und in weiterer Folge, wann denn endlich geheiratet wird und die ersten Kinder kommen. Die Frau ist in der Vorstellung vieler Menschen ein lustloses Lebewesen, das vor allem Reproduktionszwecken dient – gleichzeitig aber heiß aussehen soll, sexy Unterwäsche tragen muss, nicht zu dick und am besten auch nicht sehr meinungsstark sein darf. „Ich glaube, Männer können sich nicht vorstellen, was in den Köpfen junger Mädels und Frauen abgeht, die ständig dieses Bild vor sich haben, wie sie sein sollen."

Ich erinnere mich selbst an eine Jugend, geprägt von unerreichbaren Schönheitsidealen – und dabei ging es ja nicht nur darum, dass man einer gewissen Körperform entsprechen soll, sondern auch dass Frauen teilweise zu Lebewesen hochstilisiert wurden, die nichts mit der Realität zu tun haben. Scham- oder Achselbehaarung? Als Frau? Bitte nicht! Cellulite? Na gut, haben Frauen schon, aber sie sollen bitte alles, was in ihrer Macht steht, tun, dass ihre Haut trotzdem so glatt wie möglich bleibt. Die Periode? Ist entweder die „Tante, die einmal im Monat zu Besuch kommt" oder die „Erdbeerwoche" und sieht, zumindest, wenn es nach der Werbung eines Bindenherstellers geht, in den frühen 00er-Jahren überhaupt aus wie eine blaue, sterile Flüssigkeit, die nach Blüten duftet. Sex? Klar, kann man machen, aber nur so, dass frau immer gut dabei aussieht. Sinah kennt das alles, und es regt sie auf: „Da wird doch schon der Grundstein dafür gelegt, dass Frauen beginnen, ihren eigenen Körper zu hassen."

Deswegen tut Sinah auch das, was sie tut, und spricht in ihrem Podcast über Sex, der nicht immer ästhetisch ist, aber dafür heiß, über Ausdünstungen, Körperflüssigkeiten, komische Geräusche. Sie zerlegt stereotype Denkmuster und trägt zur Normalisierung des Frauenbilds bei – egal ob in der Fremd- oder Selbstwahrnehmung. Und sie kämpft dafür, dass sich Frauen gegen oktroyierte Bilder stellen und anfangen, sich anzunehmen, wie sie sind – und sich auch gegenseitig dafür respektieren. „Jede Frau darf ein anderes körperliches Ideal haben, dem sie entsprechen möchte", sagt Sinah. „Das kann man auch einfach akzeptieren." Es geht aber auch um Frauengesundheit, Rollen- und Beziehungsbilder, um die großen Lieben, den großen Schmerz, Orgasmen, Fuckboys, toxische Männer, Treue und Untreue.

Sinah und Leonie sind in ihrem Podcast für die Zuhörerinnen Vertraute, große Schwestern, beste Freundinnen – das Bedürfnis, das jemand dieses Feld bedient, ist groß – das sieht man daran, wie viele Menschen den beiden zuhören.

Ich frage mich, ob die Sehnsucht nach Authentizität und Offenheit zwischen einem Leben, geprägt von Instagram-Filtern, Perfektionismus und Leistungsdruck, eigentlich größer ist denn je – und muss an diesem Punkt unseres Gesprächs an den Moment denken, als Sinah im Sommer 2020 ein Foto von sich postet, auf dem sie ihren Pulli ein bisschen hochzieht und ihr Bauch zum Vorschein kommt. Er ist in Folie gepackt, darunter sind zwei Stellen mit Verband abgeklebt. Das Bild ist im November 2019 entstanden, kurz nach einer Operation. Sinah macht damals ihre Endometriose-Erkrankung öffentlich – es hat Monate gedauert, bis sie sich das getraut hat. Bis zum Zeitpunkt des Eingriffs litt sie an starken Regelbeschwerden, die irgendwann so schlimm wurden, dass sie in Krankenstand musste, wenn sie ihre Periode hatte. Endometriose ist eine Erkrankung, die nur Frauen betrifft – die Schleimhaut der Gebärmutter siedelt sich dabei an Stellen im Körper an, wo sie eigentlich nicht sein sollte, und sorgt so für Entzündungen und Schmerzen. Aber weil die Symptome bei jeder Frau so unterschiedlich sind, ist es manchmal schwierig, die Krankheit richtig zu diagnostizieren. Der Leidensdruck, den Sinah damals verspürt, ist enorm. Und die Reaktionen darauf, dass Sinah mit ihrer Erkrankung öffentlich umgeht, sind es auch. „Ich habe so viele Zuschriften bekommen, auch von Frauen, die seit mehr als 15 Jahren solche Regelbeschwerden haben und voller Verzweiflung sind, ich war richtig betroffen."

Diese Erfahrung ist jedenfalls einschneidend für sie, weil Sinah auch beginnt, ihr eigenes und das gesellschaftlich etablierte Frauenbild noch einmal stärker zu hinterfragen. Bis zum Zeitpunkt ihrer Operation quälen sie Gedanken wie: Bin ich überhaupt eine echte Frau, wenn ich vielleicht keine Kinder bekommen kann? Was sagt mein Freund dazu? Werde ich dann vielleicht verlassen – und wie wird meine Familie reagieren? „Bis zur OP hatte ich das ständig in meinem Kopf." Irgendwann gelingt es Sinah, sich von diesen Bildern freizumachen. „Ich habe mir selbst gesagt: Du kannst dich nicht nur auf diese Reproduktionsscheiße reduzieren und denken, dass du nur dann als Frau einen Wert hast, wenn du auch Kinder bekommen kannst."

Sinah regt vor allem auf, dass Frauen vorgelebt und eingeredet wird, dass sie von Natur aus Kinder haben wollen. Sinah nennt dieses Phänomen „Instinktgehabe". Sie erklärt: „Ich meine damit dieses Gerede davon, dass es in jeder Frau drinnen ist, dass sie Kinder haben möchte. Also: Eine Frau will eigentlich nur Sex, weil sie sich irgendwann Nachwuchs wünscht. Das stimmt doch nicht. Ich sehe es ja bei mir, ich möchte Kinder, weil ich einen Partner habe, mit dem alles passt, den ich attraktiv finde und mit dem ich mir das vorstellen kann – aber ich hatte das nicht von Natur aus immer schon in mir." Diese Idee hätten viele Menschen auf dem Land nicht, meint sie.

Wann hat Sinah eigentlich gelernt, so offen über ihren eigenen Körper zu sprechen? Ihre Gesundheit, ihre Sexualität zum Thema für ein breites Publikum zu machen? Obwohl ich sie schon so lange kenne, habe ich sie das eigentlich noch nie gefragt. Sie erzählt mir, dass sie erst in der Stadt gelernt hätte, gewisse Dinge zu benennen und auch offener zu werden. Auf dem Land wäre das nicht möglich gewesen, das Denken dort viel zu engstirnig, sagt sie. Ihr Podcast ist natürlich auch dort, wo Sinah herkommt, Thema; dort setze man sich aber vor allem damit auseinander, was „wohl der Freund dazu sagt", wenn die eigene Freundin vor hunderttausenden Zuhörer:innen über ihr Sex- und Beziehungsleben plaudert. „Das, was ich tue, wird also wiedermal auf den Mann reduziert. Was sagt uns das? Dass es offenbar immer noch ein großer Tabubruch ist, wenn sich zwei Frauen in einem Podcast über Sex unterhalten. Nur: Was denken die denn? Dass ich erst die Genehmigung meines Freundes dazu einholen muss? Es ist ja auch nicht so, dass ich im Podcast mein ganzes Privatleben ausbreite, nur weil wir eben über Sex reden."

Sinah erzählt, dass es durchaus manchmal eine Gratwanderung ist, was sie im Podcast preisgibt und was nicht, schließlich teilt sie bei vielen Themen ihre persönlichen Erfahrungen. Dabei stößt sie auch immer wieder an ihre eigenen Grenzen. „Ich kann hier manche Themen natürlich nicht so aufs Tapet bringen, wie ich manchmal gerne würde – oder wie ich es vielleicht in einer privaten Diskussion machen würde. Aber es gibt noch Andi, meinen Freund, und den muss ich bis zu einem gewissen Grad schützen." Sinah ist mit Andi seit vier Jahren zusammen, ich habe ihn ein paarmal getroffen, ich mag ihn, weil ich weiß, dass er

Sinah glücklich macht und sie in dem, was sie tut, unterstützt und keine Probleme damit hat.

Gesunder Sex, Liebe und Beziehung – das gehört für Sinah zusammen. Wir reden über Partnerschaften und darüber, wie sich unser Blick darauf in den vergangenen Jahren verändert hat. „Mir gibt ein ‚Ich bin stolz auf dich' mittlerweile viel mehr als ein ‚Ich liebe dich bis zum Mond und zurück'. Weil das viel ehrlicher ist." Auch von einem gewissen Dramalevel hat sich Sinah verabschiedet. Und sie meint, dass der richtige Partner, der einen annimmt, wie man ist, auch dazu beitragen kann, dass man entspannter und liebevoller mit sich selbst umgeht. „Für viele klingt das jetzt vielleicht nicht sehr feministisch – aber ich glaube, wenn man jemanden an der Seite hat, der einem sagt, dass man gut so ist, wie man ist, kann das eigene Mindset zum Positiven verändert werden. Aber bitte nicht falsch verstehen: Das soll jetzt kein Aufruf sein zu ‚Such dir jetzt einen Mann, damit du zu dir selbst findest'." Ihr habe jedenfalls auch ihre Beziehung dabei geholfen zu lernen, dass sie negativen Ansichten und Einstellungen sich selbst gegenüber keinen Raum und keine Zeit mehr schenken wolle: „Ich habe aufgehört, scheiße zu mir zu sein."

Ich will von Sinah wissen, was es eigentlich ist, das sie antreibt, dass sie, schon seit sie Anfang 20 ist, auf Missstände hinweist. Sie lacht. „Sandra, wir kommen beide aus dem Journalismus", sagt sie, „und es ist die Journalistin in mir, die innerlich laut schreit und Aufklärungsarbeit leisten will." So viele Frauen würden sich selbst stressen, wenn sie beim Sex keinen vaginalen Orgasmus haben, sagt sie, so viele Frauen an Endometriose leiden. So viele Frauen ließen sich in toxischen Beziehungen emotional und psychisch unter Druck setzen. So viele Frauen wüssten nicht, welche Rolle ihre eigene Klitoris bei einem erfüllten Sexleben spielt. „Aber warum steht das dann verdammt nochmal nirgends? Warum steht in den Frauenmagazinen nur: Welche Unterwäsche ist sexy, damit man ihn verführt? Oder warum wird auch für etwas wie die Periode ein anderer Begriff gesucht? Nennt die Dinge bitte endlich beim Namen! Sagt Vulva und Periode und nicht Mumu und Erdbeerglitzer."

Sinah sieht sich selbst in der Verantwortung, diese Aufklärungsarbeit zu übernehmen. „Ich rebelliere gegen ein uns allen von der Gesellschaft auferlegtes Schamgefühl. Ich will, dass das endlich abgelegt wird. Von mir und von anderen Menschen auch." Um Provokation, wie es ihr manchmal unterstellt wird, gehe es Sinah jedenfalls nicht, sie möchte ein Umdenken erzeugen. Und das vor allem für die jüngere Generation. „Ich würde mir wünschen, dass 16- oder 17-jährige Mädels verinnerlichen, dass man gewisse Dinge richtig benennt, gerade wenn es um Sex geht. Wartet nicht darauf, dass der Typ sich endlich mit der Klitoris beschäftigt, zeigt ihm, wo sie ist und was euch Spaß macht." Die Selbstermächtigung der Frau in Sachen Sexualität sei viel zu lange unterdrückt worden. „Es geht oft nur darum, wie man sich im Bett präsentiert oder was man anhat. Mir fehlt die Diskussion: Was turnt dich als Mensch eigentlich an? Um eine offene Kommunikation in Sachen Sex, ohne Angst davor, verurteilt zu werden. Und da kommen wir nur hin, wenn wir endlich anfangen, offen darüber zu sprechen."

Ich persönlich habe das Gefühl, dass sich unsere Gesellschaft hier zumindest in die richtige Richtung entwickelt. Sinah sieht das ähnlich. „Ich glaube schon, dass die jungen Frauen taffer und direkter sind als wir damals. Da wächst eine Generation heran, die mitzieht und sich nimmt, was sie will. Ich finde es super, dass es Frauen wie Cardi B. (US-Rapperin, Anm.) gibt, die Sex auch in der Musik thematisieren, nämlich nicht den braven, cuten 0815-Blümchensex, sondern den, den sich Frauen selbstbewusst einfordern, und der auch einfach mal richtig direkt und derb sein kann."

Aber welche Rolle spielen die Männer bei dieser ganzen Entwicklung? Schließlich müssen ja auch sie Teil des Diskurses sein – oder werden. „Ich glaube, dass Männer extrem dankbar sind für diese Entwicklung und darüber, dass die Themen Sex und der weibliche Körper endlich offener behandelt werden." Wie Sinah das meint? „Na ja, wenn Männer in Beziehungen mit Frauen sind, die vielleicht nicht so gut darin sind, offen und von sich aus über ihre eigenen Bedürfnisse und Vorlieben zu kommunizieren, fragt der eine oder andere vielleicht doch mal nach: Hey, gefällt dir das? Was magst du eigentlich gerne? Ich habe das Gefühl, da tut sich gerade auch eine gewisse Sensibilität auf."

Das glaubt niemand von mir:
dass ich eigentlich ein bisschen prüde bin

Dieser Schritt hat mich Mut gekostet:
über Endometriose zu schreiben

Drei Hashtags über mich:
#femaleempowerment #health #femalepleasure

Das finde ich an mir richtig gut:
meine Durchsetzungsfähigkeit

Dieses Buch hat mich geprägt:
„My life on the road" von Gloria Steinem

Oula
Khattab

„DANN HAT ER MICH ANGESCHAUT UND GESAGT: DU KANNST HIER MAXIMAL REINIGUNGSKRAFT WERDEN, ABER SICHER NICHT MEHR ALS ANWÄLTIN ARBEITEN."

Oula Khattab ist Juristin und Menschenrechtsaktivistin, sie flüchtete 2017 aus Syrien nach Wien. Hier leitet sie beim Verein AFYA einen Frauengesundheitskreis für Migrantinnen und hat außerdem die Initiative Souriat – Syrian Women for Justice and Peace – ins Leben gerufen, die sich dem Empowerment syrischer Frauen widmet.

STELLEN SIE SICH vor, Sie müssen Ihr Land verlassen, weil dort seit Jahren ein unerbittlicher Krieg tobt. Sie müssen Ihre Familie, Ihre Freunde, Ihren Job zurücklassen, alles, was Sie sich aufgebaut haben, obwohl Sie das eigentlich gar nicht wollen. Aufgrund der herrschen Zustände haben Sie aber keine andere Wahl, auch weil Sie in drei Monaten ein Kind erwarten. Ihr Partner oder Ihre Partnerin ist bereits Monate zuvor geflüchtet, erst zu Fuß, dann übers Meer. Sechs Wochen lang. Dass das gutgegangen ist, ist reines Glück. Jetzt sind Sie an der Reihe. Sie müssen in ein Land reisen, dessen Sprache Sie nicht sprechen, Sie dürfen dort nicht mehr in dem Beruf arbeiten, in dem Sie ausgebildet wurden. Da Sie von einem Tag auf den anderen in Ihrer neuen Heimat nicht mehr Teil der Mehrheitsgesellschaft sind, werden Sie mit Rassismus konfrontiert. Aber in diesem Land herrscht zumindest kein Krieg. Was macht diese Vorstellung mit Ihnen?

Das Gedankenspiel, das ich hier beschreibe, ist – knapp zusammengefasst – ein Teil von Oula Khattabs Lebensgeschichte. Ein Leben von Hunderttausenden da draußen. Ich kannte Oula nicht, bevor ich sie für dieses Buch getroffen habe – sie ist kein „Promi", keine Bloggerin, keine Autorin, auch keine Influencerin. Eine Bekannte von mir hat mir ihre Geschichte erzählt und sie für dieses Buchprojekt vorgeschlagen.

Es ist ein Montagabend im Dezember, es sind nur mehr knapp zwei Wochen bis Weihnachten. Ich sitze in Oula Khattabs Wohnung, im Fernsehen läuft irgendein Hollywood-Blockbuster mit arabischen Untertiteln, der Ton ist stumm geschaltet; auf einem kleinen Tisch davor stehen Datteln und Nüsse, wir trinken beide Tee. Oula Khattab ist aufgeregt, aber nicht wegen unseres Gesprächs, sondern weil sie in wenigen Tagen gemeinsam mit ihrem dreijährigen Sohn und ihrem Mann endlich in ein Flugzeug steigen und für drei Wochen zurück nach Syrien reisen wird, um ihre Familie und Freunde wiederzusehen. „Ich kann es eigentlich gar nicht mehr erwarten", sagt sie, „denn auch, wenn ich jetzt schon seit vier Jahren in Wien lebe – Syrien ist einfach meine Heimat. Ich habe 32 Jahre dort gelebt. Hier in Wien kann ich wohl erst ankommen, wenn ich in meinem Beruf arbeiten darf."

Oula Khattab arbeitet für den Verein AFYA, der sich vor allem der Traumaaufarbeitung von Menschen mit Flucht- und Migrationserfahrung verschrieben hat. Dort leitet sie einen Frauenkreis für Migrantinnen und gibt auch Workshops an Schulen. Eigentlich ist sie aber Anwältin. Ihr Jus-Studium ist in Österreich zwar nostrifiziert, also anerkannt, aber als Juristin darf sie hier erst tätig sein, wenn sie auch Staatsbürgerin ist – und das kann sie erst nach sechs Jahren werden. Für Oula Khattab ist ihr Beruf aber nicht nur ein Job, sondern Lebensaufgabe. Dass sie dem jetzt nicht nachgehen kann, daran wäre sie im ersten halben Jahr in Wien fast verzweifelt, erzählt sie mir mit Tränen in den Augen.

Oula Khattab hat ihr berufliches Leben regelrecht anderen verschrieben – jenen, denen Unrecht widerfährt. In Damaskus, ihrer Heimatstadt, setzte sie sich jahrelang für die Rechte von Zivilist:innen ein, darunter auch viele

Medienschaffende, die vom Assad-Regime entführt, gefoltert und weggesperrt wurden, weil sie es gewagt hatten, die Zustände oder ihren Diktator zu kritisieren.

Seit dem 15. März 2011, als die syrische Zivilbevölkerung im Zuge des Arabischen Frühlings gegen das autoritäre Regime auf die Straße ging, sei die Situation noch dramatischer, sagt Khattab. Nicht nur, weil seither Krieg herrsche (nach einer „friedlichen Revolution, die wirklich notwendig war"), sondern eben auch, weil die Meinungs- und Pressefreiheit in Syrien de facto nicht mehr existiere. Im Jahr 2021 befindet sich Syrien auf Platz 173 von 180 der Rangliste der Pressefreiheit, dahinter liegen nur sieben Länder, etwa die Volksrepublik China auf Platz 177 oder Nordkorea auf Platz 179.

Die meisten von denen, die weggesperrt werden, können sich zwar keine Anwält:innen leisten, aber Oula Khattab half diesen Menschen trotzdem. Sie konnte gar nicht anders. Ich frage sie, welche Konsequenzen ihr drohen hätten können. Darüber denke sie gar nicht nach, antwortet sie mir.

Aber Khattab engagierte sich nicht nur als Juristin für Menschen, die vom Regime mundtot gemacht werden, sie war in Syrien auch als Frauenrechtsaktivistin aktiv. Sie vernetzte geflüchtete Frauen, half ihnen anzukommen, sammelte Geld und Kleidung. „So viele Frauen kommen alleine mit ihren Kindern nach Damaskus, weil ihre Männer im Krieg sind oder bereits tot, und sind völlig auf sich allein gestellt. Sie flüchten, weil die Zustände in den weniger urbanen Gebieten rund um die Stadt und am Land noch schlimmer sind."

Woher kommt eigentlich dieser Antrieb, jede freie Minute zu helfen, sich selbst aufzuopfern? Diese Motivation, sich für andere einzusetzen, koste es, was es wolle? Oula Khattab erzählt, dass der Grundstein für diese Lebenseinstellung bereits in ihrer Kindheit gelegt wurde. Khattab ist im Stadtteil Al-Midan aufgewachsen, die Menschen, die dort, südlich der alten Stadtmauer von Damaskus leben, beschreibt sie als „sehr verschlossen". Sie ist die älteste von acht Geschwistern, hat vier Brüder und drei Schwestern. Die Mutter blieb zu Hause bei den Kindern, der Vater betrieb ein Geschäft für Autozubehör. Khattab half zu Hause mit, wo sie konnte. Ihr Elternhaus war zwar traditionell, aber trotzdem liberal: Das Thema Bildung stand nie zur Diskussion. „Das war meinen Eltern immer wichtig", sagt sie und nimmt einen Schluck Tee. „Mir hat man immer gesagt: Du kannst machen und werden, was du willst. Wenn du lernen willst, geh zur Universität. Da waren mein Vater und meine Mutter sehr fortschrittlich."

Oula will selbstbestimmt leben, weil sie sich als junge Frau an anderen Frauen orientiert, die Feminismus leben und die Frauen ermutigen, unabhängig zu sein – als eine ihrer Leitfiguren bezeichnet Khattab heute die Aktivistin Sabah Al-Hallak, Vorstandsmitglied der „Syrian Women's League", die sich für die Stärkung von Frauenrechten in Syrien einsetzt. Später lernt sie ihr Idol auch persönlich kennen, weil sie einen ihrer Workshops besucht – bis heute sind die beiden Frauen in Kontakt, mittlerweile lebt Al-Hallak im Libanon.

Aber die Erwartungen, die an syrische Frauen gestellt werden, machen auch vor Oula Khattab nicht halt. Als sie zum ersten Mal einen Mann mit nach Hause bringt, sind ihre jüngeren Geschwister zum Teil schon verheiratet. „Was ist mit eurer Tochter los – sie ist Mitte 20 und hat noch keinen Ehemann?", fragen die Nachbarn ihre Eltern. „Warum willst du nicht endlich heiraten?", fragt die Mutter die Tochter. „Sie stand deshalb viel mehr unter Druck als ich", erinnert sich Khattab. „Ich konnte mir dieses Konzept eben einfach nicht vorstellen." Vor allem nicht mit einem klassischen, konservativen syrischen Mann, erzählt sie. „Da ist es dann so, dass die Frauen oft einfach zu Hause bleiben und der Mann bestimmt, was man machen darf und was nicht. Das wollte ich nicht." Mittlerweile ist Khattab verheiratet – vor zehn Jahren hat sie Ahmed kennengelernt, „einen Mann, der keine Probleme damit hatte, dass ich mein eigenes Geld verdienen will und einen großen Freundeskreis habe, in dem es auch Männer gibt".

Besonders hier in Österreich sei man verwundert, wenn sie ihre Geschichte erzähle, sagt Khattab. Hier herrsche wohl das Bild, dass Frauen in Syrien gar nichts dürfen. „Allein dass ich studiert habe, hat hier bei vielen Menschen für Erstaunen gesorgt", erzählt sie. Beim AMS hat man sie gefragt: „Was, es gibt Frauen, die in Syrien als Anwältinnen arbeiten? Wow!" Oder: „Was, du bist als Frau alleine zwischen Ägypten und Syrien hin- und hergereist? Das darfst du?" Es ärgert sie, dass die Menschen so über ihr Heimatland und die Menschen dort denken: „Entschuldigung, aber welches Bild haben Menschen im Westen von Syrien? Das war vielleicht vor 50 Jahren so schlimm und ja, in manchen Teilen ist es noch so, aber diese Klischees und Stereotype sind einfach nicht mehr allgemeingültig."

Seit 2017 lebt Oula Khattab nun in Österreich. Ich habe mich schon im Vorfeld unseres Gesprächs gefragt, wie es sein muss, wenn man plötzlich in ein fremdes Land kommt, von dem man weiß, dass man nicht Teil der Mehrheitsgesellschaft sein wird, und in dem rechte Parteien wie die FPÖ immer wieder an Aufwind gewinnen. Hier in ihrer Wohnung trägt Khattab gerade kein Kopftuch, ihr langes, dunkles Haar reicht ihr über die Schultern. Wenn sie hinausgeht, verhüllt sie es – sie ist gläubige Muslima. Ich muss gar nicht nachfragen, um zu wissen, dass sie auf der Straße mit Rassismus konfrontiert ist. Mir kommt die Kampagne der FPÖ im Grazer Gemeinderatswahlkampf vom September 2021 in den Sinn – zufällig fahre ich damals nach einer Recherche auf dem Heimweg von Graz nach Wien an Plakaten vorbei, auf denen Flüchtende mit schwarzen Balken über den Augen zu sehen sind. Darunter prangt der Schriftzug: „Graz ist nicht eure Heimat." Ich bin damals sehr betroffen. Wie viel Hass kann man eigentlich in sich tragen? Gegen Menschen, die – in den meisten Fällen unfreiwillig – aus ihrer Heimat flüchten müssen? Und wie muss es für Menschen wie Oula Khattab sein, wenn sie mitbekommt, dass eine Partei in ihrer neuen Heimat mit solchen Parolen Stimmung macht?

Verletzend sei es, dass diese Form von Politik und Meinungsmache in Österreich möglich ist, sagt sie, „aber so ist eine Demokratie eben". Noch schlimmer sei es aber, sagt Oula Khattab, dass Menschen wie sie die Auswirkungen unmittelbar in der Bevölkerung erleben. Hier ein ganz bewusster Tritt gegen den Kinderwagen, in dem ihr kleiner Sohn sitzt, dort eine Beschimpfung im Vorbeigehen – aber die Juristin lässt sich davon nicht beirren: „Am Anfang war es schwierig, weil ich nicht genau wusste, was die Leute zu mir sagen – da konnte ich die Sprache auch noch nicht so gut. Da habe ich ihnen nur an der Mimik angesehen, dass sie mich gerade mit etwas konfrontiert haben, was nicht sehr freundlich war." Heute würde sie selbstbewusst kontern, werde durchaus aber auch wütend und rege sich auf. Stumm bleiben kommt für sie nicht infrage. „Du willst mich anpöbeln? Du willst eine Diskussion mit mir führen? Na gut, dann machen wir das."

Woher kommt das negative Bild, das viele Menschen in Österreich vom Islam haben? Auch Oula Khattab hat keine konkrete Antwort darauf, glaubt aber, dass es an der fehlenden Bereitschaft zur richtigen Auseinandersetzung mit der Religion liegt. „Solange viele nicht wissen wollen, wie der Islam wirklich ist, wird sich daran auch nichts ändern. Aber das hat auch mit Bildung zu tun. Ich versuche selbst immer wieder zu sagen: Ich bin mehr als nur mein Kopftuch. Ich bin eine Frau, eine Mutter, eine Anwältin. Der Islam hat gute Seiten, genauso wie jede andere Religion. Ich sage meine Meinung, teile meine Ideen – das würde ich mir auch nie von einer Religion verbieten lassen. Gleichzeitig versuche ich, anderen freundlich und offen zu begegnen – und eine gute Ehefrau zu sein." Viele würden nicht verstehen, dass sie schon den Koran gelesen habe, als sie erst 15 war, aber trotzdem studieren gegangen ist. „Ich mache alles, was andere Menschen auch machen."

Ich möchte von Oula Khattab wissen, ob sie sich noch an ihre Gefühle erinnert, als sie zum ersten Mal in Österreich angekommen ist. Sie erzählt von einem gewissen Zwiespalt – einerseits musste sie ihre Heimat zurücklassen, andererseits kann sie nun endlich wieder mit ihrem Mann zusammen sein. Sie ist erleichtert, endlich in einer echten Demokratie zu leben, in der Menschen keine Sanktionen drohen, wenn sie ihre Meinung frei und kritisch äußern. Einer ihrer ersten Wege führt sie zum AMS, dort erlebt sie die erste Überraschung bei ihrem Berater, der für sie zuständig ist: „Er hat mich angeschaut und gesagt: Du kannst hier maximal als Reinigungskraft arbeiten, aber sicher nicht als Anwältin. Ich habe mir nur gedacht: ‚Okay, danke.‘"

Khattab nimmt an, dass es ihr mit ihrem Uni-Abschluss anders geht, aber so ist es nicht. So wie ihr geht es vielen Migrant:innen, die nach Österreich kommen. „Ich habe so viele tolle Frauen kennengelernt, viele von ihnen gut ausgebildet, die verzweifeln daran, dass sie hier nicht arbeiten dürfen beziehungsweise ihnen nicht einmal eine Chance gegeben wird."

Ein halbes Jahr lang kann sie keiner beruflichen Tätigkeit nachgehen, wartet zu Hause, weint deshalb viel, hat das Gefühl, hier nicht gebraucht und nicht erwünscht zu sein. Sie setzt sich in einen AMS-Kurs nach dem anderen – was sie dort lernt? Zum Beispiel, dass sie bei Rot nicht über die Straße gehen darf. „Das ist doch lächerlich", ärgert sie sich heute immer noch über die sinnlosen Kurse. „Solche Dinge weiß man doch." Khattab ist engagiert und motiviert. Ist ein Deutschkurs zu Ende, organisiert sie sich den nächsten gleich danach – und wartet nicht fünf Monate lang zu, wie es eigentlich vorgesehen ist.

Das, was Oula Khattab mir erzählt, gibt ein System preis, das gar nicht funktionieren kann. „Wie soll denn jemand nach fünf Monaten noch eine Ahnung davon haben, was er im ersten Deutschkurs gelernt hat? Abgesehen davon – die Sprache lernt man ohnehin erst dann, wenn man auch einen Job hat. So war es ja schlussendlich auch bei mir." Oula Khattab hat Glück, sie lernt Sabine Kampmüller kennen, die geschäftsführende Obfrau von AFYA. Da sie sich bereits in Syrien für Frauen und Kinder engagiert hat, bietet ihr Kampmüller an, einen Gesundheitskreis für Migrantinnen zu leiten. Außerdem gründet Khattab selbst einen Verein – „Souriat" (dt.: Lächeln) –, mit dem sie ihr Engagement zur Stärkung der Beteiligung von Frauen an Friedensprozessen, wie sie es schon in Syrien vor Ort gemacht hat, fortsetzt.

Die Frauen, die in ihre Kurse kommen, sind Migrant:innen, die Rat suchen, ihre traumatischen Fluchterfahrungen verarbeiten wollen oder verstehen möchten, wie offene Gesellschaften wie unsere funktionieren. Khattab versucht, sie zu ermutigen, mehr Verantwortung zu übernehmen – weil es hier eben so üblich ist. Sie will erreichen, dass die Frauen hinausgehen, sich einen Job suchen, ihr eigenes Geld verdienen, lernen und Ausbildungen machen. Ihre Kurse sind gut besucht.

Diese Frauen kommen aber auch mit ihren Ängsten, mit Fragen nach der Erziehung, nach Sexualität, und finden in Oula Khattabs Gesundheitskreis einen sicheren Ort, um darüber zu sprechen. „Gerade das Thema Sexualität ist ja eines, das in unserer Gesellschaft in Syrien ein großes Tabu ist. Der

Großteil wurde so sozialisiert, dass man darüber nicht reden darf." Auch bei Khattab zu Hause war das so. Das erste Mal? Die Periode? Keine Themen, die sie mit ihren Eltern je besprochen hätte. Khattab will erreichen, dass die Frauen, die in ihre Kurse kommen, auch diesbezüglich selbstbewusster werden, und ermutigt sie, sich mit ihren Männern, ihren Töchtern, ihren Söhnen darüber auszutauschen. Auch, weil mit diesem Thema in unserer Gesellschaft ganz anders damit umgegangen wird, und weil Söhne und Töchter, die hier zur Schule gehen, diesbezüglich auch eine andere Sozialisierung erfahren werden. „Eine Frau hat mir einmal erzählt, dass sie ganz genau weiß, dass ihre Teenager-Tochter zwei Leben lebt: eines zu Hause und eines in der Schule. Weil ihr Mann vieles nicht akzeptiere, würde ihr Kind einfach vieles geheim halten. Dabei ist ihr klar, dass sie als Eltern ihr Kind hier in Österreich nicht genauso erziehen könnten wie in Syrien, weil die Gesellschaft einfach eine ganz andere ist." Das ist auch ein wichtiger Punkt in Khattabs Arbeit: Sie nimmt auch die Männer in die Pflicht, und um das zu tun, besucht sie Migrant:innen-Familien zu Hause. Oula Khattab nennt das den „Rat der Familie", sie spricht mit Söhnen, Töchtern und Ehemännern – auch wenn es oft passiere, dass vor allem Letztere gar nicht bereit wären zu reden. Viele Männer würden sie fragen: „Wieso braucht ihr mich da? Ich gehe arbeiten und gebe meiner Frau Geld, das muss reichen." Dass die Männer hier eine ganz andere Rolle hätten, sei vielen einfach nicht bewusst.

Es läutet an der Tür, danach klopft es – Khattabs Mann und ihr kleiner Sohn sind von ihrem Spaziergang zurückgekommen. Der Dreijährige schaut mich neugierig mit seinen großen, dunklen Augen an und nimmt einen großen Bissen von seinem Schoko-Nikolaus.

Er setzt sich neben mich auf die Couch, Oula und ich sprechen zum Abschluss noch über Heimat. Die wird immer Syrien bleiben. „Ich kann nicht sagen, dass ich nicht zurückwill. Aber es geht eben nicht. Was aber schmerzhaft ist: dass ich merke, wie die Erinnerung an meine Heimat verschwimmt, dass ich manche Straßennamen vergesse, dass ich vergesse, wie es an gewissen Orten aussieht …" Wir unterbrechen das Gespräch kurz – ihr kommen die Tränen.

Ob sie denke, dass es ihr besser ginge, wenn das System ein anderes wäre? Wenn das System hier so funktionieren würde, dass Migrant:innen unterstützt würden? „Ich glaube schon", sagt sie, und wischt sich ihre feuchten Wangen ab. Was sich ändern müsse? Khattabs Forderungen sind politisch: Sie würde sich einen Expertinnenrat im Frauen- und Integrationsministerium wünschen, der von Frauen wie ihr besetzt wird. „Auch wir haben Expertise – wir müssen nur gehört werden."

Das mag ich an mir:
dass ich mich für andere einsetze

Das regt mich auf:
Ungerechtigkeit

Kopf oder Bauch:
Bauch

Wäre ich Bundeskanzlerin, würde ich:
einen Expertinnenrat im Integrationsministerium einführen

Antje Schomaker

„ES IST LEIDER NOCH OFT SO, DASS IN DEN HOHEN POSITIONEN NUR MÄNNER SITZEN, UND ICH HABE GEMERKT, DASS ICH MIT DENEN NICHT MEHR SO GERN AR-BEITE. WEIL ICH OFT DAS GEFÜHL HABE: ICH WERDE DA NICHT GEHÖRT."

✳ *Antje Schomaker* ist Indie-Popmusikerin und Singer-Songwriterin aus Berlin. In ihren Hits „Ich muss gar nichts" oder „Auf Augenhöhe" thematisiert sie mangelnde Gleichberechtigung und den Druck, dem Frauen in unserer Gesellschaft ausgesetzt sind.

„**ICH MUSS MICH** anstrengen, doch bitte nicht zu anstrengend sein, mich sexy anziehen, doch darf auch nicht zu
anziehend sein. Ich muss dünn sein, aber lieber auch nicht zu
dünn, muss mir anhören, Sexismus ist doch gar nicht so
schlimm. Ich muss Kinder kriegen, denn ich bin ja bald dreißig, muss Karriere machen, nicht girly sein, aber weiblich.
Ich muss smart sein, muss für mich einstehen, aber nicht
schwierig sein, bis alle einsehen: Ich muss gar nichts."*

Das ist ein Textauszug aus Antje Schomakers Hit „Ich
muss gar nichts", den es mir irgendwann im November
2021 dank des Shuffle-Modus meines Spotify-Accounts in
meinen Feed spült und der mir zwischen Redaktion und
Kindergarten nach einem anstrengenden Tag einen richtig
guten Moment beschert. Nicht nur, weil Schomakers Song
als sehr tanzbare Gute-Laune-Nummer daherkommt, sondern auch weil sich die Nummer als kleine feministische
Hymne entpuppt – und, man kann es sagen, wie es ist: Welche Frau kennt ihn nicht, den *Struggle,* den Schomaker hier
besingt?

Wer Antje Schomaker kennt, dürfte ob dieser Textzei-
len gar nicht sonderlich überrascht sein, denn die deutsche
Musikerin ist so etwas wie die singende Aktivistin, oder akti-
vistische Sängerin, der deutschen Musikbranche – so genau
kann und will sie das selbst gar nicht sagen. Jedenfalls treffen die Texte von Schomakers Liedern immer schon den
Zeitgeist – und das auf kritische Art und Weise. Indiepop,
der sich mit der Klimakrise, Flüchtlingen, die an der EU-
Außengrenze feststecken, und Feminismus beschäftigt?
Schomaker zeigt, dass das funktionieren kann.

Sechs Wochen nach meinem Antje-Schomaker-Feminismus-Moment sitze ich auf der Couch in meiner Wohnküche und zoome mit der Musikerin, die gerade auf dem Sofa ihrer Schwester in Hamburg sitzt. Interviews auf Distanz – irgendwie beängstigend, wie schnell man sich daran gewöhnt. Schomaker erzählt mir davon, dass der „Aktivismus", wie sie es nennt, nichts Neues für sie ist und es nur eine logische Konsequenz ihres bisherigen Lebens ist, dass ihre Songs Themen behandeln, die von gesellschaftspolitischer Relevanz sind. „Ich habe schon mit zwölf angefangen, auf Demonstrationen gegen die Abholzung des Regenwalds zu gehen und mit meinen Freunden ein kleines ‚Green-Team' gegründet, mit dem ich darauf geachtet habe, dass unsere Schule umweltfreundlich wird", erzählt sie. Nach ihrer politischen Stimme musste diese Frau offenbar nicht lange suchen – heute vermutet sie, dass das unter anderem auch daran lag, dass eine ihrer beiden älteren Schwestern, mit denen sie in der Nähe von Düsseldorf aufwuchs, intensiv politisch aktiv war. Aber wann kam die feministische dazu?

Mit der dauerte es dann doch ein bisschen länger. Bei dem, was mir Antje Schomaker in den nächsten eineinhalb Stunden erzählt, frage mich erstens, wie sie es überhaupt je auf eine Bühne geschafft hat, wie sie es gemacht hat, sich nicht jegliches Selbstbewusstsein von Musikmanagern nehmen zu lassen, die meinten, sie wüssten es besser, und zweitens, wie man als Musikerin eigentlich keine Feministin sein kann. Aber fangen wir von vorne an.

Schomaker lernt schon als Kind Klavier und Fagott spielen. In der Schule holt der Musiklehrer, einer ihrer großen Förderer, sie aus dem Unterricht, damit sie die Musikstunden mit den älteren Kindern mitmachen kann. Später bringt sie sich selbst das Gitarrespielen bei. Als Teenager macht sie schon erste Praktika im Musik-Business. Ihre Mutter unterstützt sie, aber nicht bedingungslos, sondern immer mit einem gesunden Bezug zur Realität. „Sie hat mir gesagt: Wenn du Musikerin werden willst, mach das. Ich glaub' an dich, aber so einen Plattenvertrag zu kriegen, ist wie ein Sechser im Lotto, und der Weg dorthin hart. Das wird nicht leicht." Und dann passiert es: Eine ihrer Schwestern nimmt sie auf ein Konzert der Berliner Band Wir sind Helden mit (für alle, die unter 25 sind: Das war *die* deutsche Indie-Rockband der Nullerjahre), und als sie von der zweiten Reihe aus sieht, wie Frontfrau Judith Holofernes „da in ihren gelben Gummistiefeln auf der Bühne rumhüpft", ist es um Antje Schomaker geschehen.

Sie ist 16, als sie ihre ersten Songs auf der Musikplattform MySpace hochlädt, mit 19, nach dem Abitur – also im Jahr 2011 –, geht sie für ein Jahr als Au-pair-Mädchen nach Irland. Als Straßenmusikerin verdient sie sich etwas Geld dazu. Als sie zurückkommt, zieht Schomaker direkt nach Hamburg – und merkt, was es bedeutet, als Frau im Musikbusiness Fuß fassen zu wollen. Nämlich: Gib am besten deine Identität auf – und lerne, mit Sexismus umzugehen.

„Sing mal wie Gisbert zu Knyphausen (deutscher Liedermacher, Anm.)" oder „Sei ein bisschen mehr wie Mark Forster", sagt ihr der Musikproduzent, an den sie in der Hansestadt gerät. „Es ging dann in weiterer Folge auch um meine Kleidung und Figur, und dann wurde darüber diskutiert, dass ich meinen Namen besser ändern sollte, weil Antje zu niedlich klingen würde und Schomaker zu holprig", erinnert sie sich heute. Schomaker will das nicht, – warum auch? Schließlich gibt es doch auch Männer, die Philipp Poisel, Herbert Grönemeyer oder Johannes Strate heißen – und trotzdem erfolgreich sind. Sie findet einen alten Tagebucheintrag von sich mit gerade mal 13: „Jetzt muss ich nur noch ein bisschen abnehmen, dann kann ich wirklich Sängerin werden." So, wie sich Schomaker das Musikgeschäft mit 13 Jahren vorstellt, so präsentiert es sich ihr ein paar Jahre später tatsächlich.

Wie sehr sie das beeinflusst hat, ist Antje vor ein paar Jahren zum ersten Mal aufgefallen. Sie beschäftigt sich vermehrt mit feministischer Theorie, liest viel Literatur zum Thema und wird sich darüber bewusst, wie sexistisch das Gesellschaftssystem, in dem wir leben, immer noch ist. Wir reden darüber, wie dieses System Frauen dazu „erzieht", dass man immer gefallen muss. Sprich: Sei nett und dankbar und freundlich – aber reg dich nicht auf, wenn du nicht als Zicke wahrgenommen werden willst. Schomaker denkt vor allem an sexistische Interviewfragen, die sie zum Beispiel lediglich auf ihr Frausein reduzieren oder auf ihr Aussehen und bei denen sie im ersten Moment oft gar nicht weiß, wie sie kontern soll. „Im Radio ist das zum Beispiel total schwierig. Da hast du 30 Sekunden Zeit, sympathisch rüberzukommen und höflich zu bleiben – da stellst du dem Interviewer halt auch nicht die Gegenfrage: ‚Und, fragst du das Max Giesinger auch?' Obwohl man ja genau das tun sollte." Diese internalisierten Verhaltensmuster zu brechen und zu verändern, fällt Schomaker nicht immer leicht.

Schomaker findet ihren Weg, geht in den Dialog, spricht mit anderen Künstler:innen, mit denen sie befreundet ist, und hört immer öfter ein „Ja, ist mir auch passiert!" Es ginge in der Branche aber nicht nur darum, dass man die Frauen, die im Biz groß werden wollen, verändern möchte – sondern auch, dass man ihnen jegliche Kompetenzen abspricht; Schomaker nennt dafür dutzende Beispiele, alle aufzuzählen, würde den Rahmen sprengen: „Wenn ich in einem meiner Songs den Bass doppeln wollte, musste ich das dreimal sagen, bis das auch wirklich gemacht wurde. Nur weil ein Mann vorher der Meinung war, es sei doch gut so, wie es ist. Käme die Idee von dem Typen, der den Bass spielt, würde sie sofort umgesetzt werden." Auch sie habe oft klein beigegeben und gesagt „na, dann lassen wir es halt so", obwohl auf ihrer Musik, in ihren Songs, ja ihr Name steht.

„Everything that a guy says once, you have to say five times." Alles, was ein Mann einmal sagen muss, musst du fünfmal sagen. Das Zitat stammt von der isländischen Musikerin Björk – und untermauert noch einmal, dass das nicht nur ein dummes Gefühl ist, das einem dann als Frau gerne unterstellt wird, sondern zeigt, dass es um ein viel tiefgreifenderes Problem geht.

Wie nachhaltig es sich manifestieren kann, wenn man als Frau ständig infrage gestellt wird, darüber würde viel zu selten gesprochen; Schomaker erzählt, dass ihr ihr erster

Produzent in Hamburg mal erklärt habe, dass sie nicht ausreichend gut Gitarre spielen könne. Weil Schomaker sich das damals selbst beigebracht hat, glaubte sie ihm. Dieser Glaubenssatz würde sie manchmal bis heute verfolgen, sagt sie. „Wenn ich in ein Studio gehe und dort eine Gitarre steht, habe ich manchmal richtig heftige Hemmungen, darauf zu spielen."

Ich muss daran denken, dass ich im Wissenschafts-Magazin *Spektrum* kürzlich einen Bericht zum sogenannten Hochstapler-Syndrom bzw. Impostor-Syndrom gelesen habe – darin war auch die Rede davon, dass Frauen viel öfter davon betroffen seien. Konkret zweifeln Betroffene dabei an sich und stellen ihre eigenen Fähigkeiten infrage, bedingt durch patriarchale Strukturen und ein System, in dem Frauen immer wieder von anderen erklärt wird, wie sie es anders, besser oder gar nicht machen sollten – und das, so wie bei Antje Schomaker, in einem Alter, in dem man eigentlich gerade dabei ist, sich selbst zu finden.

Schomaker kennt dieses Phänomen, und das ist auch einer der Gründe, warum sie sich als Musikerin mittlerweile einen eigenen Safe Space geschaffen hat. „Es ist leider noch oft so, dass in den hohen Positionen nur Männer sitzen, und ich habe gemerkt, dass ich mit denen nicht mehr so gern arbeite. Weil ich oft das Gefühl habe: Ich werde da nicht gehört. Da sage ich zum Beispiel zehnmal, wie ich etwas in meinem Song haben will, aber es passiert nichts. Ich habe mich so oft gefragt: Warum ist das für mich hier so anstrengend? Ich will doch nur eine Strophe umschreiben!" In gewissen Bereichen werde so eine krasse

Macht ausgestrahlt, mit der sie sich einfach nicht mehr auseinandersetzen wolle, sagt Schomaker.

Wie stark sich diese Anfangszeit in Hamburg in ihr manifestiert hat, merkt sie selbst hin und wieder noch. Zum Beispiel wenn sie sich manchmal fragt, ob sie „eigentlich hier richtig" ist. Geschehen erst kürzlich beim Reeperbahn-Festival im Sommer 2021, da besuchen ihr Konzert mehr Menschen als jeden anderen Gig vorher, und Schomaker fragt sich: „Hat gerade kein anderer großer Act gespielt?" oder „Vielleicht liegt es am schönen Wetter, dass heute mehr Leute da sind?" Es ist ihre Musikerinnen-Kollegin Balbina, die ihr damals sagt: „Schon mal daran gedacht, dass die einfach deinetwegen hier sind?" Schomaker muss lachen. „Ich glaube halt manchmal immer noch, dass es vielleicht zu überheblich ist, das zu denken. Dass ich mir damit viel zu viel Raum nehme, einen Raum, der eher anderen zustehen sollte."

Das, was ihre Kollegin Balbina beim Reeperbahn-Festival getan hat, versucht auch Schomaker in ihrem Umfeld, privat wie beruflich. Sie fördert junge Künstlerinnen, arbeitet mit Frauen zusammen, empfiehlt andere Musikerinnen als Vorbands weiter, gibt ihnen auf ihrem Instagram-Profil eine Plattform. Im Dezember 2020 veröffentlicht sie die Gleichberechtigungs-Hymne „Auf Augenhöhe": „Wir haben so viele talentierte Sängerinnen, aber wenn wir uns wirklich die Zahlen anschauen, hören wir im TV, Radio, in Playlisten und Line-ups 80 Prozent Männer", postet Schomaker damals auf Instagram. Ihr Song wird für eine Bewusstseins-Kampagne des Streaming-Dienstes Spotify ausgewählt –

kurzerhand baut sie in eine andere Version dieser Nummer die Stimmen von 124 anderen Künstler:innen ein – etwa von Christina Stürmer oder Stefanie Heinzmann – und gibt ihnen in ihrem Song und dem dazugehörigen Video eine Bühne. Gelebter Feminismus eben – von Frauen, für Frauen. Aber was ist eigentlich mit den Männern der Branche?

„Ich will dir nichts wegnehmen, Obwohl du mir das nicht glaubst, Doch kann hier auch nicht weggehen, Wenn du mir den Weg verbaust, Erklär es mir gerne, was ich schon weiß, Du willst ja nur helfen, hm, ja, Is' ja nur nett gemeint, Ich nutz' meine Stimme, du hörst nicht hin, Und wenn es zu spät ist, wird gefragt: „Warum hast du denn nichts gesagt?" Du sagst, ich bin nur halb so groß und halb so laut, Immer nur halb so viel und halb so schlau, Immer nur halb so gut, egal was ich tu', Du siehst mich nicht, weil du nur nach unten blickst, Obwohl ich neben dir stehe, auf Augenhöhe", heißt es in Schomakers Song aus dem Jahr 2020. Ich möchte wissen, was ihre Antworten darauf sind, warum sich Männer so selten für Gleichstellung einsetzen.

Ist es die Angst der Männer, die es sich in ihren Positionen bequem gemacht haben, dass ihnen etwas weggenommen wird? Und deshalb Sexismus nicht als solchen erkennen?

So weit würde sie nicht gehen, sagt Schomaker. Sie glaube, dass es vor allem um Angst gehe, sich falsch zu verhalten, und es an Bereitschaft fehle, sich mit diesem Thema auch wirklich auseinanderzusetzen – und dass Sexismus von Unwissenden oft mit sexueller Belästigung gleichgesetzt werde. Schomaker erzählt von einer Diskussion, die sie kürzlich mit einem guten Freund hatte – einem bekannten deutschen Sänger: „Ich habe ihn gefragt, warum er sich eigentlich nicht zu Gleichberechtigung äußert. Er hat mir geantwortet, dass er das komisch fände, weil er als Mann ja nicht betroffen davon wäre – er würde eher was zur Klimakrise sagen. Aber bei Gleichberechtigung? Da könne er nicht mitreden." Die Unterhaltung, von der Antje Schomaker erzählt, steht repräsentativ für zwei Dinge in unserer Gesellschaft: Erstens müssen es immer die Betroffenen sein, die sich für etwas starkmachen. Und zweitens merken cis Männer – wenn wir jetzt beim Thema Sexismus bleiben – oft gar nicht, dass sie selbst Teil des Problems sind.

Schomaker spricht weiter und erzählt von einem anderen Bekannten, der für einen großen internationalen Konzern arbeitet und zehn Newcomer:innen für ein Projekt vorschlagen sollte. „Der hat mich um Hilfe gebeten, weil ich ihm ein Instrumental einer Band organisieren sollte. Ich habe ihn dann gefragt, welche Bands er eigentlich vorgeschlagen hat – und siehe da: Es waren nur Männer. Das heißt in weiterer Folge also: FLINTA-Künstlerinnen im Musikbusiness wird also nicht einmal die Chance gegeben, dass sie gesehen werden. Das geht sich doch heutzutage einfach nicht mehr aus."

Für Antje Schomaker ist die Sache klar – und da bin ich mit ihr d'accord. Gerade als Künstler:in oder als Mensch, der in diesem Umfeld arbeitet, könne man kein unpolitischer Mensch sein und müsse sich mit gesellschaftspolitischen Debatten auseinandersetzen. Das betreffe Feminismus und Sexismus genauso wie Rassismus – wobei es bei Letzterem keine Meinung, sondern klare Abgrenzung brauche.

Ich möchte von Schomaker wissen, wie es ihr selbst eigentlich dabei geht, wenn sie merkt, dass sie mit ihrer Musik ein Umdenken erzeugt. „Was sich da nach außen hin tut, damit tue ich mir schwer, das anzuerkennen – ich denke mir jetzt nicht: Wow, meine Arbeit ist so wichtig. Aber es ist grundsätzlich schön zu merken, dass sich innerhalb der Branche einiges bewegt. Ich merke das ja selbst, ich habe im Sommer 2021 zum ersten Mal an drei Tagen hintereinander auf Festivals gespielt – das ist mir noch nie passiert. Ich dachte mir nur: Wow, so kann sich das anfühlen?", erzählt Schomaker und lacht in die Kamera.

Wir machen ein kurzes Gedankenexperiment und stellen uns die Gesellschaft in Sachen Gleichstellung in zehn Jahren vor. Schomaker ist „nicht sehr optimistisch", aber hoffnungsvoll – denn „diese Hoffnung brauchen wir, weil sie ja unser aller Antrieb ist". Wichtig sei es, vor allem junge Frauen, junge Künstlerinnen zu empowern, zu ermutigen, nicht alles hinzunehmen, zu widersprechen und selbstbewusst zu sein. Auch was Sexismus und sexuelle Übergriffe betreffe. Schomaker erinnert sich an einen Abend, als ein Fan ein gemeinsames Foto von sich und ihr machen wollte und ihr dabei an den Hintern fasste. „Ich war wie in Schockstarre! Ich bin dann zu einem Kollegen hin und hab ihn gefragt, ob ihm das auch passiere – der meinte dann zu mir: Krass, wenn das nochmal der Fall ist, dann kommst du zu mir! Dabei muss ich mit dieser Situation doch auch alleine umgehen können. Und auf solche Situationen muss man junge Künstler:innen vorbereiten – genauso darauf, dass an gewissen Positionen immer noch Männer sitzen, die dich vielleicht vollkommen verändern wollen und dir erklären, dass du nur so Karriere machen kannst."

Bevor wir uns verabschieden, sprechen wir über den eingangs zitierten Song „Ich muss gar nichts". Schomaker erzählt mir, dass sie die Nummer bereits seit 2018 in der Schublade liegen hatte, und erst jetzt, drei Jahre später, bereit war, sie zu veröffentlichen. Damals, 2018, schreibt sie übrigens auch folgende Zeile für ihren Song: „Muss was im Schritt haben, sonst komm ich nicht ins Line-up rein". Was denkt sich jemand wie Antje Schomaker, wenn sie sich heute, also drei Jahre später, die Line-ups diverser Festivals ansieht – sofern sie aufgrund der Corona-Pandemie stattfinden? „Na ja, das ist schon ein schwerer Rückschlag", sagt sie ein bisschen resignierend. „Man fragt sich halt, wie sich das in Zeiten wie diesen noch ausgehen kann – fast reine männliche Line-ups? Es gibt zwar Festivals wie das Reeperbahn-Festival, die paritätisch sind", sagt sie, „aber es ist noch ein weiter Weg. Leider."

Früher, sagt Schomaker noch, habe sie es als Schwäche gesehen, dass sie Musik mache und sich gleichzeitig zu gesellschaftspolitischen Themen äußere – und sich manche schwer damit getan haben, sie richtig „einzuordnen". Heute, sagt sie, weiß sie, dass sie beides kann. „Und darauf bin ich richtig stolz."

Das würde ich meinem 16-Jährigen Ich heute raten:

Entspann dich, glaub an deine Stärken

Das glaubt niemand von mir:

dass ich auch Hilfe brauche! Nach außen hin wirke ich meistens so stark – und alle denken, ich schaffe immer alles, aber manchmal liege ich da und will einfach nur, dass mir jemand was abnimmt.

Diese Eigenschaft hatte ich vor zehn Jahren noch nicht:

Grenzen zu setzen und es auszuhalten

Das regt mich auf:

fehlendes Bewusstsein, egal für welche Form der Diskriminierung

Das finde ich an mir richtig gut:

dass ich immer den Mund aufmache, meinen Gerechtigkeitssinn und meine Ehrlichkeit

Natascha
Wegelin

„DIE MEISTEN FRAUEN TRAUEN SICH AN DAS THEMA FINANZEN GAR NICHT RAN – UND DAS IST LEIDER TOTAL NATÜRLICH: WEIL ES EIN MÄNNER-THEMA IST."

Natascha Wegelin ist Bloggerin, Autorin und Unternehmerin. Mit „Madame Moneypenny" hat sie eine Firma gegründet, die Frauen bei den Themen Finanzen und Vorsorge unter die Arme greift. 2018 erschien ihr Bestseller „Madame Moneypenny – Wie Frauen ihre Finanzen selbst in die Hand nehmen können".

ÜBER GELD SPRICHT man nicht. Man spricht nicht darüber, wie viel man verdient, man fragt andere nicht nach ihrem Gehalt, nicht in der Arbeit und schon gar nicht im Freundeskreis. Man verrät nicht, wie viel man sich zur Seite gelegt hat, oder ob man überhaupt ein finanzielles Polster besitzt, und schon gar nicht fragt man andere, ob man sich etwas borgen kann, wenn man zu wenig davon hat. Wie lautet dieser Kalenderspruch nochmal, den meine Mama mir immer gepredigt hat? „Strenge Rechnung, gute Freunde." So in etwa sieht meine Sozialisation in Sachen Geld aus.

Müsste ich meinen Finanzangelegenheiten und mir einen Beziehungsstatus geben, würde er ohnehin „Es ist kompliziert" lauten. Eigentlich weiß ich nämlich, dass ich mich mehr darum kümmern müsste, gleichzeitig schiebe ich das aber vor mir her – immer mit einer anderen Ausrede. Mal ist in der Arbeit zu viel los, dann bin ich zu müde, und manchmal, wenn ich mich dann doch dazu überwinde, verliere ich mich in den Weiten des Internets und verzweifle an den unzähligen Infos zu diversen Investitionsmöglichkeiten – und gebe entnervt auf. Wenn mich dann mal wieder Existenzängste plagen oder Gedanken an mögliche Altersarmut stressen, denke ich mir: Jetzt ist die Zeit, tu doch endlich was! Aber konsequent, wie ich bin, ist bis heute nichts in diese Richtung passiert.

„Ich kann dir versichern: Du bist damit bist nicht allein", sagt Natascha Wegelin, als wir miteinander über Zoom zwischen Berlin und Wien sprechen. Sie sagt mir das an diesem Tag Mitte November im zweiten Jahr der Corona-Pandemie, und sie sagt es ein paar Wochen später wieder, diesmal aber in ihren Instagram-Postings oder Clips zu ihrer Fan-gemeinde: Frauen schieben das Thema Finanzen zu oft auf.

Als ich wieder einmal versucht habe, mich im Finanz-dschungel zurechtzufinden, bin ich auf die deutsche Blog-gerin und Unternehmerin gestoßen. Vor sechs Jahren hat Wegelin Madame Moneypenny gegründet, seither kann man bei ihr achtwöchige Seminare belegen, in denen sie und ihr Team Frauen helfen, finanziell strukturierter und somit unabhängiger zu werden. „Die meisten Frauen trau-en sich an dieses Thema nicht heran – und das ist leider total natürlich. Weil es ein Männerthema ist", sagt sie, wäh-rend ich an meinem Küchentisch in Wien sitze und sie in ihrem Büro in Berlin. Zugegeben: Es beruhigt mich, dass ich nicht die Einzige bin, die das mit den eigenen Finanzen so vor sich herschiebt. Dass das daran liegen könnte, dass auch hier das Patriarchat seine Spuren hinterlassen hat – so weit habe ich eigentlich noch nie gedacht. Aber es stimmt schon: Die Finanzbranche ist männerdominiert, und auch abseits davon hat es sich seit Jahrhunderten etabliert, dass Geld Männersache ist. Wer ging arbeiten? Der Mann. Wer brachte das Geld nach Hause? Der Mann. Wem gehörte das Konto? Dem Mann. Und ja, dass Männer immer noch mehr verdienen als Frauen – ach, damit fange ich erst gar nicht an.

Frauen wurden also jahrhundertelang – aktiv und pas-siv – vom Thema Geld ferngehalten. Das ändert sich jetzt gerade ein bisschen, weil sich Frauen auch hier aus Abhän-gigkeitsstrukturen befreien wollen, aus denen zum Partner, zur Bank oder überhaupt zum System. Sie wollen vorsor-gen, für die Menschen in ihrem Umfeld – und für sich selbst, damit sie nicht irgendwann in die Altersarmut schlittern, von der Frauen laut einer Studie der Allianz-Versicherung dreimal häufiger betroffen sind als Männer. Obwohl das so ist, kümmern sich nur 48 Prozent der Frauen um eine adäquate Altersvorsorge, in die sie investieren.

Natascha Wegelin ist natürlich nicht die einzige Finanz-mentorin, aber sie ist im deutschsprachigen Raum die be-kannteste; fast 160.000 Menschen folgen ihr auf Instagram, ihr Buch aus dem Jahr 2018 wurde zum Bestseller. Und sie verspricht: In acht Wochen kriegst du deine Finanzen in den Griff und weißt, wie du so investierst, dass es sich lohnt. „Wer danach noch etwas falsch macht, hat nicht richtig aufgepasst. Denn eigentlich kann nach unserem Kurs gar nichts mehr schiefgehen", erzählt mir Natascha Wegelin. „25 Euro reichen – man muss bisher gar nicht viel auf der Seite haben oder besonders gut verdienen, das ist ein Mythos. Man muss nur dranbleiben."

Zugegeben, das klingt ja alles ganz super – aber ich nei-ge bei solchen Sätzen immer zu einer gewissen Skepsis. Vielleicht, weil es zu einfach klingt. Wo ist der Haken?, fra-ge ich mich also. Wegelin meint: Es gibt keinen. Sie nennt ihren Crashkurs „Mentoring-Programm", und das passt auch ganz gut zu ihr, sie wirkt mehr wie ein dynamischer Coach als wie eine farblose Finanzberaterin.

Bei Natascha hat es jedenfalls funktioniert, sie hat mit Investitionen viel Geld verdient, sehr viel Geld. Der lange Weg dorthin hat sich ausgezahlt. Ihr Finanzwissen hat sie sich komplett selbst angeeignet – zwar nicht in acht Wochen, sondern in fast eineinhalb Jahren. Und das nur deshalb, weil sie bei einer vermeintlich kostenlosen Finanzberatung 18.000 Euro verloren hat. „Ich war so genervt. Und dachte mir nur: Es kann doch nicht sein, dass ich so abhängig bin und dass dir andere Leute erzählen, was du mit deinem Geld machen sollst. Ich wollte finanzielle Entscheidungen selbst vernünftig treffen können." Sie kaufte sich ein Buch, das „nicht ganz so schlimm war wie alle anderen", studierte es, folgte dem einzigen YouTube-Channel zum Thema, den es gab, und zog sich den einzigen Podcast dazu rein. Als sie sah, dass sich nicht nur ihr Bankkonto stabilisierte, sondern auch ihre Geldstrategie funktionierte, auch „wenn man Finanzen gar nicht studiert hat", packte sie der Ehrgeiz.

Dass sich jemand wie Natascha Wegelin die Finanzbranche ausgesucht hat, überrascht irgendwie nicht, wenn man erfährt, dass ihr Vater bei der örtlichen Bausparkasse gearbeitet hat. Wegelin wächst mit ihrer Schwester in einem Vorort von Dortmund auf – was die Eltern ihren Kindern finanzieren, ist klar geregelt und vermutlich ähnlich wie in jedem anderen Haushalt: „Wir haben bis zu einem gewissen Grad Spielzeug oder Klamotten bekommen. Alles, was darüber hinausging, wie Buffalos-Schuhe oder eine Run-DMC-CD mussten meine Schwester und ich uns zusammensparen." Ja, Wegelin ist ein Kind der 1990er Jahre.

Wer in Dortmund aufwächst, kann gar nicht anders, als Fan des Fußballclubs BVB zu werden. Deshalb ist auch das Erste, was sich Natascha von ihrem eigenen Ersparten kauft, eine Kappe ihres Herzensvereins, viele Nummern zu groß für ihren Kinderkopf, aber egal – nur um sie ein paar Wochen später wieder zu verlieren, erzählt sie lachend.

Bei Wegelins zu Hause herrscht die klassische Rollenverteilung. Die Mutter arbeitet in Teilzeit und betreut die beiden Kinder. Der Vater macht Karriere. Die Oma? Eine Art Role-Model, weil sie auf gesellschaftliche Konventionen pfeift und sich Mitte der fünfziger Jahre scheiden lässt. „Die hatte danach nie mehr einen Mann. Fand sie auch super so." Sonst sozialisiert sich Wegelin fast ausschließlich mit Jungs. Spielt früh Fußball, kickt in einer reinen Jungsmannschaft. Der Trainer sieht: Das Mädchen hat Talent. Und fördert sie. Die Eltern ihrer Mitspieler meinen: Warum spielt das Mädchen da mit? Da, wo Kinder oft noch gar keine Meinung haben, sind es die Erwachsenen, die das einzige Mädchen in der Mannschaft merken lassen, dass es hier eigentlich nicht akzeptiert wird. Ihre Mutter sagt ihr: Setz dich durch. Nimm die Dinge nicht immer so hin, wie sie sind. Die kleine Natascha sagt: Okay.

Sie hätte sich auch einfach eine andere Sportart aussuchen können, aber sie bleibt dran. Und wird zur besten Spielerin am Platz. „Ich wollte einfach nur Fußball spielen und hatte extrem Bock auf die Sache."

Natascha Wegelin sucht auch später Herausforderungen. Geht mit 16 nach Missouri auf Schüleraustausch, kündigt mit 24 ihren Job und gründet danach mit einem Freund ihr eigenes Unternehmen, das Online-Portal WG-Suche. Erst ist das Geschäft rein von Investoren abhängig. Das Problem dabei: Alle zwei, drei Jahre droht das Aus. „Da gab es schon Momente, wo ich mir dachte: Fuck, was machen wir jetzt?"

Während sie also versucht, ihr Unternehmen am Laufen zu halten, bringt sie sich parallel selbst alles zum Thema

Finanzen bei. Erfolgreich ist sie dabei aber nicht nur, weil sie das richtige Händchen beweist. Wegelin erzählt auch davon – und das überrascht dann doch ein bisschen –, was die Suche nach der richtigen Anlageform mit der eigenen Sozialisierung und der Auflösung verinnerlichter Glaubenssätze zu tun hat. „Ich hatte eine Scheu davor, ob ich das kann. Irgendwie dachte ich, dass das doch Männersache ist. Und weil ich immer total schlecht in Mathe war, habe ich lange geglaubt, ich bin zu doof dafür." Sie denkt sich: Ach, egal – und einer ihrer Glaubenssätze entpuppt sich in dieser Phase sogar als hilfreich: „Ich muss eh alles alleine machen." Und das macht sie dann auch. Ihr Biss zahlt sich aus: Wegelin stellt sich so gut auf, dass sie keine Berater:innen mehr braucht. Das ist jetzt acht Jahre her, zwei Jahre später ist die Idee zu Madame Moneypenny geboren.

Aber wie kann Natascha etwas, für das sie eineinhalb Jahre gebraucht hat, in acht Wochen weitergeben? Sie habe sehr viele Umwege genommen, sagt sie – und mittlerweile sei es deutlich einfacher. Ihre Verantwortung sieht die Unternehmerin darin, dass sie und ihr Team ihren Klient:innen auf der Suche nach der richtigen Investitionsmöglichkeit Orientierung geben. „Ich empfehle ihnen ja keine konkreten ETFs, sondern ich will die Frauen so weit kriegen, dass sie diese Entscheidung selbst treffen."

Ich frage mich, ob Wegelin unbewusst immer den herausfordernden Weg gewählt hat. Und wie groß das Vertrauen ins Leben sein muss, um so risikofreudig zu sein wie sie. „Mit Mitte 20 hatte ich das gar nicht. Da hatte ich gerade mal die Uni abgeschlossen, war zwei Jahre im Job, dachte mir dann zwar: Nee, das kann ich besser, hatte dann aber natürlich auch Angst, wenn es unsicher war, wie wir uns weiterhin finanzieren. Ich habe mich dann oft so lange zum Durchhalten motiviert – und das Happy End manchmal auch sehr erzwungen." Da ist es wieder, das Durchhalten. Heute sei es jedenfalls anders, meint Wegelin. Sie habe Vertrauen ins Leben, aber vor allem deshalb, weil sie auf sich selbst und ihre Fähigkeiten vertraue. Ach ja: Ihr Online-Portal zur WG-Suche hat Natascha Wegelin im Juni 2021 um einen angeblich siebenstelligen Betrag verkauft.

Wegelins Geschichte ist eine klassische Erfolgsstory. Heute arbeiten 14 Mitarbeiterinnen in ihrem Team, und an dieser Stelle muss nicht gegendert werden, denn „Madame Moneypenny" erfüllt eine hundertprozentige Frauenquote. Darauf sei sie schon sehr stolz. Klar, divers sei anders, „aber irgendwann haben wir einfach die Abzweigung verpasst, auch Männer einzustellen", meint sie und lacht.

Ich will wissen, ob Wegelin jemals damit konfrontiert war, dass ihr ihre weiblichen Fähigkeiten abgesprochen wurden, so wie es Frauen in Führungspositionen öfter geht. Sich nicht mit solchen Dingen konfrontieren zu müssen, sei auch ein Grund gewesen, gleich alles selbst zu machen. Deshalb sei ihr Erfahrungswert da begrenzt, erklärt sie. „Das finde ich halt das Schöne an so einer Selbstständigkeit. Dem Markt ist es egal, wer du bist, wie du aussiehst. Entweder du machst ein ordentliches Produkt, und die Leute zahlen dafür – oder eben nicht."

Und wie sieht es damit aus, Nein zu sagen? Ein Thema, mit dem sie durchaus länger zu kämpfen hatte. „Ich habe ja eher die Tendenz, Sachen an mich zu nehmen und mich zu kümmern. Ich bin also das genaue Gegenteil von dem, wie man mich vielleicht bei Madame Moneypenny wahrnehmen würde. Was auch gut so ist, denn in der Finanzbranche ist die Kommunikation ja sehr auf den Punkt – dann gibt es hie und da auch mal einen kleinen Arschtritt, aber das gehört eben dazu. Jedenfalls: Nein zu sagen, ist eine sehr wichtige Fähigkeit, und da hab auch ich einen großen Sprung gemacht. Aber das muss man lernen. Und zu Geld ‚Nein' zu sagen, muss man sich auch erstmal leisten können …"

Wegelin ist in einer Situation, in die nicht viele kommen, aber ihre Mission ist es, auch andere dahin zu führen. Ich frage mich, welchen Stellenwert Geld einnimmt, wenn man nicht mehr darüber nachdenken muss. Ist Geld nur dann wichtig, wenn man zu wenig davon hat? Wegelins Antwort ist klar und präzise. Ihr ist Geld wichtig, weil es sie unabhängig macht, noch lieber sind ihr die Worte Selbstbestimmtheit und Selbstermächtigung, die sie sich von ausreichend Geld verspricht. Ihr Ziel sei es, für sich und andere, dass das Thema Geld kein Sorgenthema mehr ist. Weil man, selbst wenn es knapp wird, immer weiß, wie und wo man sich neues beschaffen kann – eben weil man gelernt hat, richtig zu investieren. Und dann reiche es schon, dass man sich „keine Sorgen um die Kinder und keine Gedanken um die Rente machen muss. Daraus kann man sehr viel Entspannung und Ruhe ziehen – und sein Leben ein bisschen freier gestalten."

Natascha Wegelin ist keine, die mit dem protzt, was sie hat. In einem Interview mit ihr habe ich gelesen, dass sie nur drei oder vier Pullover besitzt – dazu passende Hosen. Was heißt Luxus für die erfolgreiche Businessfrau? „Ich habe gemerkt, dass es für mich stimmiger ist, gar nicht so viel zu besitzen. Sondern mir lieber zu überlegen: Was reicht mir? Von meinem ersten richtigen Angestelltenjob habe ich mir eine teure Uhr gekauft – und was ich für Klamottenberge hatte!" Zu viel Besitz kann auch ganz schön belastend sein, sagt sie heute. Stehe zu viel in ihrer Wohnung rum, werde sie nervös, und der Kopf werde voll. Ihr Geld gebe sie vor allem für besseres Essen aus. Und sie investiert in sich selbst: Therapie, Sport, Weiterbildung. Wegelin ist der Typ, der auch viel damit beschäftigt ist, das Beste aus sich herauszuholen. Ausgabenlimit hat sie sich in der Hinsicht jedenfalls keines gesetzt.

Seit dem Gespräch mit Natascha versuche ich, mit dem Thema Geld ein bisschen offener umzugehen. Rede mit Bekannten und Freund:innen darüber – und finde es eigentlich sehr befreiend, sich mit anderen Menschen nicht nur über den eigenen Verdienst, sondern vor allem über finanzielle Nöte oder Sorgen auszutauschen. Ich will es bei meiner Tochter jedenfalls ein bisschen anders machen – sie soll den Umgang mit Geld früher lernen. Übrigens: Eine Woche nach dem Gespräch mit Natascha stoße ich zufällig auf eine Instagram-Story einer Freundin von mir. Sie erzählt von ihren Investitionen in Aktien und Depots. Ich google im Netz nach Madame Moneypenny, und ja, ich habe die innere Hürde endlich genommen und mich auf die Warteliste für das achtwöchige Mentoring-Programm setzen lassen. Mal schauen.

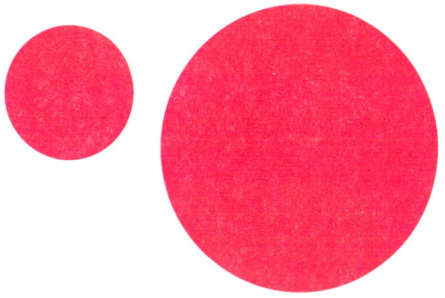

Diese Eigenschaft hatte ich vor zehn Jahren noch nicht:
Selbstreflexion

Hätte ich Madame Moneypenny nicht gegründet:
hätte ich irgendwas anderes gegründet

Wäre ich Bundeskanzlerin, würde ich:
die Impfpflicht einführen und mich sehr stark für ein deutlich feministischeres Deutschland auf allen Ebenen einsetzen, alleine schon bei der Besetzung gewisser Ministerposten

Diesen Satz hat mir meine Mutter immer gesagt:
Wenn du es nicht kannst, dann lernst du es jetzt

Das finde ich an mir richtig gut:
meine Rationalität, mein Durchhaltevermögen, gleichzeitig zu wissen, dass ich nicht nichts weiß und ganz viel lernen kann

**Christl
Clear**

„UND IMMER, WENN ICH WO HINKOMME, WO ICH MIR DENKE: DIESER SPACE IST SO WEIR, ICH SOLLTE EIGENTLICH NICHT HIER SEIN, BESIN-NE ICH MICH KURZ UND SAGE MIR DANN: DOCH, GENAU DA GEHÖRST DU HIN."

✳ *Christiana Krivan* ist eine österreichische Journalis-tin, Autorin und Influencerin. Kürzlich ist ihr Buch „Let me be Christl Clear" erschienen, auf ihrem Instagram-Profil @iamchristlclear folgen ihr 40.000 Menschen. Als *Christl Clear* influenced sie zu den Themen Lifestyle, Beauty – und Rassismus.

ICH KENNE CHRISTIANA aka Christl Clear schon relativ lange, wobei „kennen" ja immer relativ ist. Wir kennen uns, wie man sich in der österreichischen Medienbubble eben kennt, wenn man für denselben Verlag, aber unterschiedliche Medien arbeitet; wir sind uns öfter bei Events über den Weg gelaufen – und ab und zu auch privat, weil sie und ihr Mann Markus lange Zeit ein Stockwerk über meiner besten Freundin gewohnt haben. Ich habe verfolgt, wie sie angefangen hat zu bloggen, anfangs noch neben ihrem Job, und mitbekommen, wie sie sich selbstständig gemacht hat und wie ihr Einfluss als Influencerin und Bloggerin stetig gewachsen ist.

Jetzt sitze ich am Esstisch in ihrer neuen Wohnung, und rund um uns sieht es aus, wie es eben aussieht, wenn man gerade frisch eingezogen ist. Kisten stehen herum, ein Stockwerk unter uns schleppen ihr Mann und ihr Bruder Phillip gerade Ikea-Kastentüren vom Vorraum ins Schlafzimmer. Und Christl? Sie sitzt mir gegenüber, trinkt Ingwer-Wasser und erzählt mir davon, wie *weiß* und oberflächlich die Medienbranche in Österreich immer noch ist.

Christl, Typ hemdsärmelige Wienerin, hat vor allem für Beauty- und Lifestyle-Zeitschriften geschrieben – „und wenn man Lifestyle-Journalismus macht, dann trifft man einen ganz eigenen Schlag von Menschen". Sie erzählt mir davon, wie ihr damals, vor bald zehn Jahren, alles zu viel wurde, die Oberflächlichkeit, das Bodyshaming, der Sexismus, und ja, auch der Rassismus. Den Satz „Wir können keine Schwarze oder asiatische Person aufs Cover geben, das verkauft sich nicht", hört sie in dieser Zeit nicht nur einmal.

Die Bildunterschrift: „Ein Bikini, den auch wirklich jeder Bodytyp tragen kann" tippt auch sie unter Fotos von schlanken, *weißen* Models. So oft, bis sie sich irgendwann fragt: „What the fuck? Was passiert hier eigentlich? Und warum schreibe ich das überhaupt? Ich entspreche nicht dem klassischen Bodytyp, trage den Bikini trotzdem und habe eigentlich nie darüber nachgedacht, ob ich das ‚darf' oder nicht." Sie fängt an zu recherchieren, liest sich ein und lernt verschiedenen Diskriminierungsformen einen Namen zu geben.

Beiträge und Themen, die es nicht in die Magazine schaffen, verwertet sie auf ihrem eigenen Blog. Darin geht es viel um Rassismus – in der Popkultur, in der Modeindustrie, in der Gesellschaft. Und weil sie merkt, dass sie selbst eigentlich nirgendwo anders von Inhalten abgeholt wird, weder in der österreichischen Medienlandschaft noch auf Blogs im Netz oder von Influencer:innen, schafft sie kurzerhand selbst Raum für die Inhalte, die sie betreffen und interessieren. Und trifft damit einen Nerv.

Heute, viele Jahre später, hören Christl Clear fast 40.000 Menschen dabei zu, wie sie über ihr Frausein, ihr Schwarzsein und ihr Nicht-Schlank-Sein spricht. Christls Konzept, Aufklärung zu leisten, funktioniert, weil sie dabei nie missioniert. Ist sie genervt, wenn sie Leute wieder auf ihre Braids ansprechen oder ihre Interracial-Beziehung, macht sie kurzerhand einen Blogbeitrag und ein paar Instastories dazu. Wie das dann aussieht? „Sieben Dinge, die ihr über meine Braids wissen müsst." Oder „Zehn Dinge, die ein Interracial-Couple nicht mehr hören kann." Bei Christl funktioniert viel über Humor, Ironie und Sarkasmus. Sie überhöht gewisse Themen und macht sie so greifbarer. „Es ist grundsätzlich schon mal traurig, dass ich erwachsenen Menschen überhaupt das Konzept von Rassismus erklären muss. Ich kann aber meistens nicht mit dem erhobenen Zeigefinger reingehen, weil sich dann viele sofort angegriffen fühlen." Also erklärt sie Rassismus unter anderem kurzerhand mit Beispielen aus ihrem Alltag – und mit Empathie. Mit ihr gäbe es dann auch gleich eine Bezugsperson. Ist es traurig, frage ich sie, dass man es so einfach wie möglich runterbrechen muss? Ja, sagt sie. Geht es gar nicht anders? Christls Antwort: Nein. Sonst verstehen es die Menschen einfach nicht.

Christl wächst in den Achtzigern und Neunzigern in Wien auf, ihre Eltern sind aus Nigeria in den späten Siebzigern erst nach England, dann nach Italien emigriert und dann nach Österreich gekommen. Dass sie nicht Teil der Mehrheitsgesellschaft ist, merkt Christl erst spät – zu Hause ist sie in eine große Schwarze Community eingebettet. Richtig bewusst wird ihr das eigentlich erst, als sie ins Gymnasium kommt und das einzige Schwarze Kind an der gesamten Schule ist. „Am ersten Schultag haben wir uns alle im Festsaal versammelt, wurden aufgerufen und dann den verschiedenen Klassen zugeteilt. Ich habe gemerkt: Oh, hier sieht irgendwie niemand aus wie ich." „Flashig" sei das gewesen, aber nie ein großes Problem, weil Nationalität oder Hautfarbe ohnehin keine großen Themen für sie waren – in die Volksschule geht sie mit türkischen und arabischen Kindern; im Hof und im Park spielt sie mit den Nachbarsmädchen aus Israel. „Wir waren alle verschieden, also what's the point?"

Eine große Identitätskrise, wie sie viele Migrant:innenkinder kennen, bleibt aus, denn Christl lernt ihre Wurzeln früh kennen – mit ihrer Familie reist sie ab und zu nach Nigeria. Sie erinnert sich: „Und dann bist du plötzlich von hunderten Familienmitgliedern umgeben, die genauso drauf sind wie du. Die dir ähnlich schauen, die deinen Humor haben, und dann wird dir klar: Hier komme ich her. Das sind meine Leute. Das festigt. Und das wissen zu dürfen, ist ein großes Glück." Sie verstehe jede Person, die ein „Kid of the Diaspora" ist, das einen Identitätskonflikt hat, weil es die eigenen Wurzeln nicht kennt. Sie beobachtet das vor allem bei Kindern, bei denen ein Elternteil Schwarz ist, der andere aber nicht: „Viele haben keinen Bezug zu ihrem Schwarzen Teil. Und dann sind sie für die Schwarzen nicht Schwarz genug und für die *Weißen* nicht *weiß* genug."

Wie auch jetzt, schafft sie sich schon als Schülerin den Raum für ihre Themen, den es braucht. Hält Vorträge über Sklaverei oder die Kolonialisierung. Weil sich der österreichische Geschichteunterricht damals fast nur mit Themen wie dem ehemaligen Kaiserreich, dem Ersten und Zweiten Weltkrieg befasst, hält sie Referate, die auch mit der Geschichte ihrer Vorfahren und ihres Landes zu tun haben. Von ihren Lehrer:innen erfährt sie dabei Unterstützung: „Ich weiß aber, dass das bei vielen Schwarzen Freund:innen von mir nicht möglich war."

Die Schule ist für Christl ein sicherer Hafen – auf der Straße sieht es schon anders aus. „Das, was draußen passiert ist, war eher problematisch", erinnert sie sich. „Du wirst als Schwarzes Mädchen schon viel früher sexualisiert – ich bin schon in ganz jungen Jahren richtig grauslich angemacht worden. Da kriegst du deinen ‚fair share of racism'.“

Christl erzählt davon, dass ihre Familie umgezogen ist, als sie ein Teenager war. Vom zweiten in den 22. Bezirk, die Donaustadt. Die Wiener:innen bezeichnen die Stadtteile im Norden gerne ein wenig despektierlich als „Transdanubien“ – in manche Gegenden im 21. und 22. Bezirk fahren manche Wiener:innen nur ungern, nicht nur, weil sie relativ weit weg sind, sondern auch, weil es dort manchmal doch ein bisschen rauer zugeht, wie zum Beispiel am Rennbahnweg, wo auch Christl aufgewachsen ist.

Ich bin selbst in „Transdanubien“ aufgewachsen, genauer gesagt in Floridsdorf – dem Nachbarbezirk der Donaustadt. Und ja, auch hier gibt es Gegenden, die ein bisschen wild sind. Ich bin Menschen begegnet, die Waffen dabeihatten, die auf Straßenbahn-Sitzen ganz öffentlich mit Drogen dealten, um anschließend das eben gekaufte Pulver auf ebendiesem Sitz zu konsumieren. Bin selbst ganz oft sehr unangenehm angemacht worden, und ich erinnere mich daran, wie Männer in der Straßenbahn Frauen mit Kopftüchern angepöbelt haben, sie beschimpft und bespuckt haben; manche von ihnen mit riesigen Hakenkreuz-Tätowierungen am Unterschenkel oder am Oberarm. Das ist zwar jetzt sicher fast 20 Jahre her, ich war damals selbst noch ein Teenager, erinnere mich aber daran, als wäre es gestern gewesen. Überspitzt kann man vielleicht sagen, dass diejenigen, die in Transdanubien groß werden, jedenfalls lernen, sich keine „Gosch'n anhängen“ zu lassen, wie man auf Wienerisch sagt, sondern zurückpöbeln – aber das muss man sich natürlich trauen.

Das macht auch Christl so, bis heute, auch deshalb, weil es ihre Mutter nie anders gemacht hat. „Meine Mama hat es sich nie gefallen lassen, wenn sie beleidigt wurde. Sie ist nochmal einen Kopf kleiner als ich, aber wenn ihr jemand deppert kommt, wächst sie um fünf Meter. Früher hat sie in drei Sprachen geschimpft. Mittlerweile in besserem Deutsch." Christl lacht. „Und", setzt sie nach, ich hatte und habe einen großen Freundeskreis, der sich immer solidarisch mit mir gezeigt und mich verteidigt hat."

Ich will von ihr wissen, welche Leitfiguren sie als Mädchen und junge Frau hatte, wer sind ihre Vorbilder, außer ihrer Mama? Es sind ihre Tanten, ihre Schwester – alles Schwarze Frauen, „die nicht der Normschönheit" entsprechen. Sie sind nicht schlank, sie sind nicht *weiß*, sie sagen, was sie denken, und das hilft auch ihr, sich in ihrer Haut wohlzufühlen – obwohl ihr die Gesellschaft seit Jahren erklärt, dass sie sich mit ihrer Kleidergröße eigentlich nicht wohlzufühlen hat. Das Bedürfnis, sich an anderen zu orientieren, hat sie nicht. „An wem hätte ich mich auch orientieren sollen, die Frauen im Fernsehen und in den Magazinen waren ja alle *weiß*. Für mich hat es überhaupt keinen Sinn gehabt, mich mit denen zu vergleichen. Das war vielleicht auch mein großes Glück – ich habe schon Freundinnen, bei denen das anders war."

Christl nimmt einen Schluck von ihrem Wasser und sagt dann einen Satz, der mich irgendwie überrascht: „Diese offen rassistischen Beleidigungen sind eigentlich gar nicht das Schlimmste." Sie denkt kurz nach. Viel schlimmer als das seien die Mikroaggressionen, diese subtile Fremdenfeindlichkeit, die mancherorts mitschwingt und gar nicht so plakativ daherkommt. „Wenn man mir meine Kompetenzen abspricht oder meine Beziehung infrage stellt, weil mein Mann *weiß* ist." Das würde immer wieder passieren, immer von wildfremden Menschen. Ich frage mich, wie man sich damit abfindet, dass sich das vielleicht nie ändern wird. Oder wenn, noch Jahrzehnte dauern wird? „Gar nicht, deshalb bin ich ja auch so wütend."

Die Wut ist im Falle von Christl nicht nur ein Katalysator, sie ist auch die treibende Kraft, immer weiterzumachen, sooft es geht Aufklärungsarbeit zu leisten, die Menschen in die Pflicht zu nehmen. Und das führt uns gleich zum nächsten, durchaus ambivalenten Thema: „White Fragility". Viele Menschen würden sich vor den Kopf gestoßen fühlen, wenn Christl sie darauf hinweise, dass sie gerade etwas Rassistisches gesagt oder getan haben. „Was viele dann nicht verstehen, ist: Ich sage ihnen nicht, dass sie Rassisten sind. Ich möchte nur, dass sie sensibler werden. Wir sind ja alle rassistisch sozialisiert. Du, ich, jeder. Aber dadurch, dass ich selbst diese Erfahrungen gemacht habe, kann ich das bei mir im Keim ersticken. Jemand anderer tut sich da schwerer." Liest Christl einen Artikel, in dem ausschließlich *weiße* Frauen zu einem Thema befragt werden, oder sieht eine Diskussionsrunde, in der niemand mit Migrationshintergrund vertreten ist, schreibt sie schon mal gerne einen Leser:innenbrief an die zuständige Redaktion.

Wir diskutieren darüber, wie wenig Empathie es in der *weißen* Mehrheitsgesellschaft oft für Menschen aus Minderheiten gibt. Sie nennt das „*weiße* Wohlstandsverwahr-

losung", weil *Weiße* sich überhaupt nicht vorstellen können, was es heißt, als Migrant:in in einer *weißen* Gesellschaft
großzuwerden. Irgendwie fühle ich mich ertappt und frage
sie: „Bin ich auch ignorant?" Sie antwortet ganz trocken:
„Bist du. Weil du auch gar nicht anders kannst – du kannst
gar nicht nachvollziehen, welche Steine Menschen mit
Migrationshintergrund und anderer Hautfarbe in den Weg
gelegt werden." Autsch. Das sitzt. Weil ich weiß, dass das
wohl stimmt und dass ich selbst auch empathischer für die
Realität anderer werden könnte.

Christl meint das nicht als Vorwurf, aber sie nimmt
Menschen wie mich und jede:n andere:n in die Verantwortung, genauer hinzuschauen. Und den Mund aufzumachen.
„Sich auf gesellschaftliche Strukturen auszureden, ist mir zu
einfach. Es gibt das Internet und Social Media, und es gibt
das Fernsehen. Da draußen sind so viele Leute, die aufklä-
ren – man kann sich informieren, wenn man möchte." Es
ginge ihr nicht darum, dass niemand mehr einen Fehler
mache – aber man sollte zumindest endlich damit anfangen, in den Diskurs und in die Aufklärung zu gehen. Jede:r
von uns. Nicht nur die Betroffenen. „Warum sollen Mig-
rant:innen die ganze Antirassismus-Arbeit machen? Die
sollten sich jetzt mal zurücklehnen und sich von dem Shit
erholen, den sie jahrelang mitgemacht haben. Bei Fragen zu
Sexismus und Feminismus erwartet ja auch niemand, dass
nur die Frauen die ganze Arbeit machen."

Ich frage sie, wie sie mit der Verantwortung zurecht-
kommt, die sie als eine der wenigen Schwarzen Influen-
cer:innen in Österreich hat. „Ich weiß, dass ich einen Markt

bediene, der sonst nicht bedient wird", sagt sie. „Und ja, das sind meine Leute, die mir zuhören, die brauchen eine Stimme, und ich habe diese Stimme." Als der Schwarze US-Amerikaner George Floyd 2020 von einem *weißen* Polizeibeamten getötet wird, postet Christl ein Video dazu, teilt ihre Betroffenheit. „Wisst ihr, wie es ist, wenn man ein Schwarzer Mensch ist und aufgrund seiner Hautfarbe unfair behandelt wird? Und wenn ich sage ‚unfair behandelt', dann spiele ich das hinunter", sagt sie und dabei kommen ihr die Tränen. Der Clip geht viral. Auch in Wien gingen in den kommenden Wochen 50.000 Menschen für die Black-Lives-Matter-Bewegung auf die Straße.

Ob sie denkt, dass sich gerade etwas tut? Oder haben nur Menschen wie ich, die Teil der Mehrheitsgesellschaft sind, das Gefühl, dass da momentan viel passiert? „Ja. Du bemerkst ein Schwarzes Model in der Werbung oder den Schwarzen Busfahrer oder die Schwarze Bankberaterin. Aber gerade weil es dir auffällt, ist noch nicht genug passiert. Der Idealzustand wäre nämlich, dass das so selbstverständlich ist, dass man gar nicht erst darüber nachdenkt." Christl nimmt die Politik in die Pflicht, die endlich lernen müsse, Angehörigen von Minderheiten Raum zu geben und sie sichtbar zu machen.

Ganz will ich mich mit der Antwort noch nicht zufriedengeben. Ich hake nach, frage sie, ob die weltweiten Proteste nicht auch in einem konservativen Land wie Österreich zumindest ein wenig zum Positiven verändert hätten. „Ich glaube, dass die Menschen heute ein anderes Bewusstsein haben", sagt sie. „In gewissen Kreisen wollen Menschen

Veränderung, und diese Kreise werden irgendwann immer größer werden. Es wächst gerade eine Generation an Schwarzen Kids heran, die auch in Österreich Vorbilder haben. Die haben die David Alabas dieser Welt, die wir nicht hatten. Und das ist doch schon was."

Sie selbst ist seither jedenfalls noch stärker in den medialen Fokus als Anti-Rassismus-Stimme des Landes gerutscht. Darauf hat sie eigentlich „null Bock". Abgrenzen könne sie sich jedenfalls gut, und das sei auch wichtig. „Wenn ich mal keine Lust habe, über dieses Thema zu sprechen, mache ich es einfach nicht." Sie könne nicht jeden Kampf kämpfen, und sie könne auch nicht in jede Diskussion gehen. Aber auch das musste sie erst lernen.

Gegen Ende unseres Gesprächs habe ich den Eindruck, dass man jemanden gefühlt ewig kennen kann, ohne eigentlich wirklich ein Gespür für den Menschen hinter der öffentlichen Wahrnehmung zu haben. Wieder wird mir klar, wie wichtig es ist, genau diese Gespräche zu führen, diese Porträts zu schreiben und mir die Lebensrealität dieser Menschen erklären zu lassen. Ich frage sie noch, ob sie heute, als Person des öffentlichen Lebens, mit Ende Dreißig das Gefühl hat, endlich dazuzugehören.

Ihre Branche sei immer noch zu *weiß,* meint Christl ein wenig resignierend zum Schluss. Beruflich komme sie immer wieder in einen rein „*weißen* Space". „Ich merke dann, wie sich alle im Raum fragen: Oje, die Anti-Rassismus-Aktivistin ist da, und Feministin ist sie auch noch – was darf ich jetzt nochmal sagen und was nicht?" Sie muss lachen. „Und genau dann weiß ich: Jetzt mache ich es euch ein bissl ungemütlich. Denn wenn euch das unangenehm ist, dann habt ihr Dreck am Stecken. Und wenn ich mir doch einmal denke: Dieser Space ist so *weiß,* ich sollte eigentlich nicht hier sein, besinne ich mich kurz und sage mir dann: ,Doch, genau da gehörst du hin.'"

Das finde ich an mir gut:
fast alles

Das mag ich weniger gern an mir:
dass ich manchmal einfach nicht den Mund
halten kann

Wäre ich Bundeskanzlerin, würde ich:
viel mehr für Frauen und Mütter machen,
Altersarmut abschaffen

Drei Hashtags über mich:
#lustig #antirassistisch #foreverhungry

Das sagen andere über mich:
dass ich eine leiwande Haut bin

UMSCHLAGGESTALTUNG UND TYPOGRAFIE: Christine Fischer

COPYRIGHT DER VERWENDETEN FOTOGRAFIEN: KatjaLewina © Valeria Mitelman, Sophia Süßmilch © Apollonia Theresa Bitzan, Jaqueline Scheiber © Theresa Wey, Toxische Pommes © Marlon Hb, Emilia Roig © Mohamed Badarne, Antje Schomaker © Jona Gödde, Mithu Sanyal © Heike Bogenberger, Christl Clear © Xenia Trampusch, Melisa Erkurt © Vedran Pilipovic, Sandra Jungmann © Susanne Einzenberger, Natascha Wegelin © Jacqueline Häußler, Oula Khattab © Marwa Sarah, Katharina Rogenhofer © Cliff Kapatais Pixalcoma, Verena Altenberger © Klara Leschanz, Yasmin Hafedh © Samira Frauwallner, Sinah Edhofer © Marko Mestrovic

DRUCK: FINIDR, s.r.o.

LEKTORAT: Lucia Marjanovic

PAPIER: Peyer Surbalin seda, Munken print cream

GESAMTHERSTELLUNG: Leykam Buchverlag

www.leykamverlag.at

ISBN 978-3-7011-8235-0

Klimaneutral gedruckt mit freundlicher Unterstützung durch die Kultur-abteilung der Stadt Wien.